Psychologyof First
Impressions

初次印象心理學

不說錯話、表錯情，
一見面就讓人感覺「溫暖有能力」

周一南 —— 著

方言文化

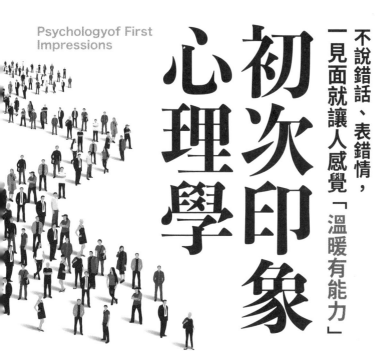

CONTENTS

CONTENTS

前言 印象好壞，決定人際關係的成敗

在畫家眼裡，第一印象是他畫出的第一筆色彩，為整幅畫定下了基調；在戲劇家眼裡，第一印象是他所寫的人生大戲的序幕，是整部戲展開的基礎；在雕塑家眼裡，第一印象是他在石坯上刻出的第一刀，決定著雕刻作品最終的品相；在美食家眼裡，第一印象是宴席上的開胃酒，影響著他對菜品的最終評價……

毫不誇張地說，第一印象無處不在。小到你的每一個動作、每一句話，大到你對每一件事的處理方式。第一印象也許是你的造型裝扮，也許是你的身體語言，也許是你的性別魅力，也許是你的個人修養，也許是你的人生觀，也許是你的話題選擇，也許是你的表達方式……生活中的點點滴滴、方方面面，都是你第一印象的載體。

卓別林的小鬍子和大皮鞋，邱吉爾的演講口才，貝克漢的帥氣面龐，周星馳的無厘頭搞笑等等，無論過去多少年，只要一想起來，總會有一種非常親切的感覺，這就是第一印象的巨大魅力。第一印象的重要性在於，它可以悄無聲息地影響你的人生。對於留下了較好的第一印象的人，我們總會多一分關注，而且樂於與其交往，也能夠比較輕鬆地贏得對方的好感；對於留下了不好的第一印象的人，我們往往十分冷淡甚至反感，完全不想與其進行更多的交流。

更為重要的是，第一印象一旦形成就很難再改變，即便有時第一印象並不準確，我們在潛意識中也會堅定地認為第一印象才是最準確的。這是「初始效應」在發揮作用，它對日後的人際關係將會產生直接而重大的影響。所以，在初次交往中就給別人留下良好的第一印象非常重要。良好的第一印象是通向人際交往坦途的首班車，能給日後的交往帶來諸多便利，能為你搭建展示自己的絢爛舞臺，助你在交際路上越走越順。

但是令人遺憾的是，總有一些人不重視初次交往時給人留下的第一印象，所以總是難以在社交活動中獲得成功。可以說，不好的第一印象是人際交往的絆腳石，會給交往帶來阻礙和麻煩。所以，我們應該採取一定的交際策略，爭取在交往之初就給別人留下良好的第一印象，為以後的順利溝通奠定堅實的基礎。

本書從心理學的角度解讀第一印象形成的原理、過程及影響因素，全面而準確地向讀者展現第一印象的真實面貌。本書不僅會告訴你如何給人留下良好的第一印象，還會告訴你如何修正某些方面的不足，從而全方位提升個人魅力，打造更精彩的人生。

本書的特點是語言樸實、通俗易懂，內容深入淺出，便於操作。相信讀者能夠從書中發現有益的知識，讓自己的第一印象綻放光彩。

CHAPTER

1

超實用心理學，為第一印象加分

第一印象的形成，只需要短短的四十五秒。雖然時間很短暫，但是大腦在這段時間內接收的資訊量十分驚人。如果能夠巧妙地運用這短暫的時間，向別人傳遞我們想要傳遞的資訊，那麼就能給對方留下較好的第一印象。想要順利實現這一目標，我們應該懂一些心理學效應，以便從心靈深處對對方產生影響。

「初始效應」的關鍵四十五秒

初次見面時給人留下的印象總是深深地刻印在別人的頭腦中，而且難以改變，這都是初始效應在起作用。

相關研究表明，第一印象的形成，只需要短短的四十五秒。而且這種印象一旦形成，就會在人的頭腦中占據十分重要的主導位置。第一印象對人產生的這種影響，就是我們常說的「初始效應」。

根據這一研究結果，我們也就不難理解，為什麼很多人會對「第一」有特殊的感情，甚至對「第一」情有獨鍾。比如，第一天上學、第一個戀人、第一次領薪水等，總能給人留下難以磨滅的印象，而對「第二」「第三」「第四」等就沒有那麼深刻的記憶了。

在第一印象形成之後，它就會根深蒂固地存在於我們的大腦之中，這使得大腦對第二印象、第三印象所傳達的資訊明顯不夠重視。無論第一印象產生於何處，源自何種原因，人們總會不自覺地相信初次接收到的資訊是真實準確的。

如果你在初次與人見面時表現出和善友好的一面，那麼對方就會對你有一個較好的第一印象，認為你是一個富有魅力、值得交往的人，即便在這之後，你的表現有所下滑，對方也不會放在心上，依然會對你抱有極大的熱情。

同理，如果你在初次與人見面時就表現得無法讓對方滿意，那麼不良的第一印象就會在相當長的一段時間裡影響你在對方心目中的個人形象，以致於你做出很多次的努力，都無法起到有效彌補的作用。

有人覺得，第一印象並不能完全反映一個人的真實狀態，畢竟別人看到的只是一個極小的縮影，而非形象的全部。這種想法確實沒錯，但是心理學的一些研究已經充分證明，人們在評價他人的時候總是習慣於先入為主。只要形成了第一印象，人們總會以這個固有的印象對他人做出判斷。即使這個印象只是他人的微小縮影，它也能夠代表這個人，這個印象反映出的就是這個人真實的樣子。

你正在銀行等待辦理業務，一個陌生人走進來，他面帶微笑地向你示意，並坐在你旁邊的座位上。他主動和你聊天，話題涉及天氣、電影、工作等。有些你不願談及的內容，他便一帶而過，而你感興趣的話題，他會熱情地深聊下去。他情緒高漲、談吐幽默，你能深刻地感受到他是一個十分親切的交談對象，想像著和他成為朋友一定是件有趣的事。時間過得很快，馬上就要輪到你辦理業務了，你意猶未盡地與那個人道別。辦理完業務之後，你甚至還會主動走到那個陌生人面前，微笑著和他道別。

類似的場景你是否經歷過？實際上你對陌生人一無所知，甚至連他的名字都不知道，可是你就這樣莫名其妙地被他吸引住了。在短暫的交流之後，你的頭腦中已經形成了一個豐滿立體的形象，你感覺已經對這個人有了充分的瞭解，並認為他和你有很多相似的地方，你們兩個人可以成為很好的朋友。這就是第一印象所起到的作用。

第一印象的形成過程可以分為如下三個階段：

1. 初次接收資訊

在這個階段，你從陌生人的身體語言、言談舉止及他對你的態度等方面接收到相關的資訊，並進行初步整合。

2. 形成第一印象

根據初次接收到的資訊，你對陌生人產生了第一印象，並根據這個印象對陌生人的情況做出種種分析和假設。

3. 篩選後續資訊

第一印象形成之後，你的大腦便不自覺地過濾掉那些與第一印象相悖的資訊，轉而去搜集那些與第一印象相符的資訊。透過對後續資訊的篩選，你的第一印象得以不斷強化。

從第一印象的形成過程中不難發現，大腦對資訊的收集和篩選是從我們看見別人的第一眼開始的，而對於之前發生的事情，我們並不知曉。這就導致我們會產生一些有失偏頗的第一印象。

比如，某個人在我們面前表現得很憤怒，這讓我們覺得他是一個脾氣不好的人，可是實際上，他憤怒只是因為他之前受到了不公待遇，而平時的他其實是一個十分親善的人。

相信很多人都覺得別人眼中的自己和真實的自己有很大的差距，之所以這樣，是因為我們給人留下的第一印象出現了偏差，誤導了別人的看法。理解其中的原理，懂得第一印象心理學的運作模式，我們就能更好地呈現自己，傳遞資訊。

初始效應往往帶有主觀色彩，這一點毋庸置疑，姑且不論這種主觀的判斷是否公平，單從初始效應對我們的影響而言，也應該讓它為我們所用——樹立良好的第一印象，增加人格的吸引力。

自我檢查

- ☑ 在別人眼中，我是一個值得深入交往的人嗎？
- ☑ 與別人初次見面時，我會憑第一印象否定他嗎？

學會七大訣竅，用親和效應贏好感

一個人的親和力，決定著他與別人的親密程度。越有親和力，越能吸引別人，越有助於樹立良好的形象。

人是群居動物，一般而言，很少有人能夠脫離所處的社會，而以一個單獨的個體存在。這是人的社會屬性的一個表現。

生活在社會中的任何一個人，都有自己的訴求和欲望，而想要表達自己的訴求，滿足自己的欲望，溝通和交流顯然是非常必要的。在交往過程中，那些與你具有相似點的人，往往更能引起你的關注，讓你產生更多好感。比如，你在大街上遇到一個與自己相貌相似的人，心裡往往會湧起一股熱流，很想結識他，甚至想和他成為親密的朋友。

對於與你有相似之處的人，你總會覺得更加親切，更願意與之接近。這就是所謂的「親和效應」。受親和效應影響，你越是想要親近的人，越會給你親和力強的感覺。

你會更願意敞開心扉，與他們進行更多的交流。

親和效應時刻存在於你的身邊，總會不知不覺地對你的工作和生活產生影響。同樣道理，你的親和力也會對別人產生影響。尤其是在初次見面時，親和力對第一印象有著十分顯著而重要的影響。也就是說，你的親和力決定著你能否擁有和對方繼續溝通的機會。在溝通的過程中，親和力還會影響溝通的品質。

初次與人見面時，你可能會讓對方感覺很緊張，也可能會讓對方感覺很放鬆；你可能會讓對方不願繼續溝通，也可能會讓對方對溝通充滿期待。對方究竟會產生怎樣的感受，與你表現出的親和力緊密相關。也許你並沒有意識到自己具有這種能力，但是它切切實實地存在，如果你能很好地理解並運用這種能力，你就能讓身邊的人感覺十分舒適，並由此給他們留下良好的第一印象。

想要擁有較強的親和力，可以從以下幾個方面入手——

（1）熱情主動。主動和別人打招呼的人，其熱情能夠感染身邊的人。

（2）態度溫和。講話柔和的人，給人一種親切感，即便出現分歧，也不會爆發衝突。

（3）多用敬語。經常使用敬語的人，常常給人留下謙遜和尊重別人的印象，這讓人們更願意接近他。

（4）認真傾聽。願意傾聽別人說話的人，往往能先人後己，這種表現讓人們更願意對其敞開心扉。

（5）言談幽默。說話風趣幽默的人，能夠消除雙方的緊張感，讓溝通在融洽的氛圍中展開。

（6）關注細節。關注細節的人，往往能在細微處感動別人，讓別人產生「他確實很關注我」的想法，由此對其產生良好的印象。

（7）善用讚美。能夠發現對方的優點，並善於讚美的人，往往能讓人產生更多的親切感和好感。

一個人能否給別人留下良好的第一印象，與其親和力有著緊密的關聯。如果你想在初次見面時就給對方留下一個好印象，想要迅速與別人打成一片，那麼就請你好好運用自己的親和力，為自己打造出強大的人格魅力和吸引力。

自我檢查

☑ 周圍的人覺得我的親和力如何？

☑ 和陌生人溝通時，我有辦法讓對方迅速向我敞開心扉嗎？

月暈效應，讓人只看見你的優點

很多人覺得月亮是十分美麗的，因此便認為與月亮有關的東西都是美麗的。這告訴我們，在初次與人見面時，要盡量展現自己最好的一面，盡可能地給對方留下美好的第一印象。

早在二十世紀二〇年代，美國著名心理學家愛德華・桑代克*就提出了「月暈效應」這一理論。月暈效應也被稱為「光環效應」。有這麼好聽的名字，還要感謝美麗的月亮：在大風天氣的前夜，月亮四周會出現大大的圓環（月暈），看上去十分美麗。其實，月暈只是月光的擴大化或泛化，因為它是從美麗的月亮這個中心點向外擴散而來的，所以我們會不自覺地認為月暈也是美麗的。

在人際交往的過程中，我們往往會被某人身上具有的某種優秀特徵深深吸引，並由此判定這個人各方面都是十分優秀的，這種情況出現的原因是我們受到了月暈效應的影響。

而實際上，這個人或許並不像我們想像中那麼完美。

俄國大文豪普希金對「莫斯科第一美人」娜塔莉亞非常癡迷，他們倆經過愛情的洗禮之後最終走進了婚姻的殿堂。

娜塔莉亞確實美若天仙，但是她和普希金並沒有什麼共同語言。普希金經常在寫完詩之後念給娜塔莉亞聽，但是娜塔莉亞對此沒有絲毫興趣，她總是捂著耳朵說：「我不聽！我不聽！」反過來，娜塔莉亞常常要求普希金和她一起四處遊玩，並參加一些奢靡、豪華的晚宴、舞會等。出於對娜塔莉亞的喜愛，普希金只好停止自己的創作，盡自己最大的努力去滿足娜塔莉亞的要求。久而久之，普希金欠下了巨額的債務，日子過得十分清貧。更令人惋惜的是，普希金為了娜塔莉亞而與人進行決鬥，最終不幸身亡。一顆閃耀文壇的巨星，就這樣早早地隕落了。

普希金被娜塔莉亞那美若天仙的容貌吸引，卻沒有注意到她身上存在的不足，也

* Edward Thorndike，行為主義心理學的代表人物，被視為是教育心理學的奠基人。

沒有認真考慮兩個人是不是真的適合在一起生活，結果讓自己遭受了諸多磨難並最終失去了寶貴的生命。

月暈效應並不單單體現在以貌取人這一點上，衣著、說話方式等都會給月暈效應提供發揮的機會和空間。尤其是在初次與陌生人見面時，月暈效應會有更加顯著的體現。例如，初次會面時對方的穿著十分邋遢，我們十有八九會認定這個人的生活習慣不好；初次會面時對方彬彬有禮，我們基本會認定這個人是一個十分有教養的人。這種印象形成之後，我們就會不自覺地將這種差評或好評延展到這個人的方方面面、點點滴滴。

從認知的角度上說，月暈效應其實是一種十分片面的判斷。在初次與人接觸的時候，我們能觀察到的只是對方的極小部分，由此便做出最終的判斷，難免有失偏頗。甚至可以說，月暈效應不過是我們自己的一種心理臆測而已，其中充滿了主觀色彩。

具體而言，其偏頗主要體現在以下三個方面——

（1）月暈效應體現的通常只是人或事的個別特徵，但是我們受其影響，往往習慣於從個別推斷普遍，就像盲人摸象一樣，最終的結果難免以偏概全。

（2）月暈效應會讓我們把一些本沒有什麼關聯的特徵強行連結在一起，進而做出

「有此特徵就一定有彼特徵」的錯誤判斷。

（3）月暈效應會讓我們做出非常極端的評價，認為對的東西就全是對的，錯的東西就全是錯的，這顯然與我們的主觀意願有極大的關係。

所以說，與人交往時，我們應該充分考慮月暈效應對我們造成的影響。可以借助月暈效應來拓寬和延展自己的交際之路，也要注意不被別人的「月暈」迷惑，以免交錯了朋友。

自我檢查

☑ 我是一個喜歡主觀臆斷的人嗎？

☑ 與陌生人交往時，我是否注意保持良好的形象？

拉近彼此距離的「名片效應」

在與人交往的過程中，一致性能讓對方迅速對我們產生更多好感，使對方更願意與我們進行深入的交流。

在與人交往的過程中，假如我們首先表明自己和對方具有相同的價值觀、處世態度等，就會讓對方覺得我們與他有很多的相似之處，這樣能夠迅速拉近彼此之間的心理距離，使得對方更願意與我們接近，進而建立良好的人際關係。

這個表明立場和態度的過程，就像是給對方遞上了一張自己的名片一樣，讓對方初步認識我們，並對我們產生良好的第一印象。可以說，這一效應對人際交往有著十分重要的意義及較大的實用價值。

林肯在參加總統競選時，曾來到伊利諾州。

那個地方的人們大多是奴隸制度的忠實擁躉，所以林肯面臨諸多的困境，甚至連自己的生命安全都難以保證。

但是，林肯並沒有退縮，而是非常真誠地遞上了自己的「名片」：「伊利諾州的同鄉們，肯塔基州的同鄉們，還有密蘇里州的同鄉們，我聽到消息說你們中有些人要與我作對，我真是搞不清楚你們這樣做的目的是什麼。我和你們一樣，都是直率的平民，那我怎麼沒有和你們一樣的發表意見的權利呢？好朋友們，我並沒有要干涉你們的意思，我也是你們中的一員。我在肯塔基州出生，在伊利諾州長大，跟你們一樣都經歷了艱辛環境的磨礪。我認識一些伊利諾州和肯塔基州的人，也想結識一些密蘇里州的人，因為我是他們中的一員，而他們也應該更加瞭解我。假如他們真正瞭解我，就會知道我並沒有做什麼有損於他們利益的事情，而且他們絕對不會再想做什麼於我不利的事情了。同鄉們，請不要做那些不理智的事情，讓我們像朋友一樣交往。我發誓要做世界上最謙遜的人，絕對不會做出有損於別人利益的事，也絕對沒有干涉別人的意思。我現在誠摯地懇請你們，請讓我說幾句話，請你們仔細聽著。我想，我的這個請求一定不會被拒絕的……」

在演講的時候，林肯很巧妙地運用了名片效應，迅速拉近了與聽眾之間的心理距離。他所說的「我和你們一樣，都是直率的平民」及「我也是你們中的一員」，已經鮮明地闡述了自己的立場，表明自己和聽眾有很多的相似之處。這讓聽眾對他產生了親切感和信任感，林肯的演講也因此大獲成功。

既然名片效應如此重要，那麼應該怎樣更好地加以運用呢？

1.善於捕捉資訊

在溝通的過程中，透過捕捉相關的資訊，可以瞭解對方的喜好、態度等，然後從中尋找積極的、可接受的觀點或看法，往往可以輕鬆打開對方的心門。這樣一來，心理名片也就發揮了應有的作用。

2.尋找恰當的時機

一張良好的心理名片，不僅需要契合對方的心理，也要在遞出時掌握恰當的時機。只有恰到好處地打出「名片牌」，才能給對方留下深刻的印象。

毋庸置疑，名片效應在人際溝通中頗具實用價值，對我們拓展人脈具有十分重要的意義。在各種場合中，適當地使用心理名片能有效地提升我們的親和度，給對方留下親切的初步印象。一旦對方和我們達成某種觀點上的一致性，我們就能輕鬆地走進對方的內心世界，為接下來的溝通奠定良好的基礎。

自我檢查

- ☑ 與人接觸時，我喜歡與哪方面與我相似的人交往？
- ☑ 在別人眼中，我是一個容易找到相似點的人嗎？

活用人際關係的「反作用力」

生活是一面鏡子，你怎樣對待它，它就會怎樣對待你。在交際過程中，這個道理同樣適用，你友善地對待別人，別人也會以同樣的善意對待你。

在心理學領域，有一個著名的反映法則，其內涵是「一個人生活的外在世界是其內在世界的真實反映」。也就是說，人的外在世界就像一面巨大的鏡子，能夠真實地映射出他的每一個細節。這一法則是瞭解人類行為的基本原則，用它幾乎可以解釋生活中遇到的每一件事情。

尤其是在人際交往方面，反映法則表現得更為突出。在人與人的交往中，反映法則有兩方面的表現——

（1）個人的行為與心理的直接對應關係使得人的心理與外界環境之間產生了間接的對應關係。也就是說，外界環境的變化，能夠反映人的心理變化。

（2）人們對待他人的態度，往往能夠反映出他人的真實態度。也就是說，人們往往會本能地將他人對待自己的態度作為標準，並以此標準去對待他人。

動物學家和心理學家曾經聯手做過一個實驗：

他們在一個房間的牆壁上掛了很多面鏡子，接著將兩隻性格迥異的猩猩先後關進這個房間。

先關進去的那隻猩猩性情乖巧、溫順。它發現那些「同伴」都面帶微笑地歡迎自己，於是很快就融入了這個「群體」之中，迅速和「同伴」打成一片。三天之後，當實驗人員將這隻猩猩帶出房間時，它甚至有些依依不捨。

後關進去的那隻猩猩性情暴烈、急躁。發現那些「同類」正注視著自己，它很快就被激怒了，於是它與那些「同類」展開了一場激烈的追逐和廝鬥。三天之後，當實驗人員準備將這隻猩猩帶出房間時，卻發現它已經心力交瘁地死去了。

透過這個實驗我們不難發現：人際關係就是一種貨真價實的個性折射，它的狀態其實就是你內心世界的反映。

從心理學的角度來說，積極的心理能夠激發積極的行為，而積極的行為又能帶來積極的結果，使我們的生活呈現出積極的一面；反過來說，消極的心理會帶來消極的行為，而消極的行為又會帶來消極的結果，使我們的生活呈現出消極的一面。由此可以看出，生活就是一面鏡子，它所呈現的姿態是人們心態的真實反映。想要擁有和諧的人際關係，我們需要在以下幾個方面多加注意：

1. 擁有積極的性格

自信、樂觀、寬容等積極的性格，就像陽光一樣能給人帶來溫暖，而且人們對美好的事物都有嚮往心理，所以積極的性格往往可以對人們產生極大的吸引力。

2. 勇敢表達對對方的好感

從心理學的角度來說，人們往往很難對喜愛自己的人表現出厭惡。也就是說，當我們勇敢地向對方表達好感時，對方往往會報以同樣的喜愛之情。兩個互相欣賞的人，交流起來自然會融洽許多。

3. 要有正確的心理動機

在與人溝通的過程中，不僅需要積極的態度，還要有正確的心理動機。只有心理動機正確，才能讓雙方的溝通走入正軌，給對方留下良好的印象；不正確的心理動機則會讓溝通誤入歧途，進而引起對方的反感甚至不滿，給對方留下極差的印象。

總而言之，我們想要得到別人怎樣的對待，首先就要怎樣去對待別人。這是反映法則帶給我們的深刻啟迪，只要能夠理解並善於運用，給人留下良好的第一印象並非難事。

自我檢查

- ☑ 別人對我充滿惡意時，我會以牙還牙嗎？
- ☑ 我善待別人的時候，是心甘情願還是隨意敷衍？

理解投射效應，才知道別人怎麼看你

在交往的過程中，我們不僅會對交往對象做出評價，還會對自己產生認知，而且這種認知會被我們轉嫁到交往對象身上。這種不知不覺的轉嫁，其實是受到了投射效應的影響。

所謂投射效應，指的是將自己的特點歸因到其他人身上的傾向。在認知和對他人形成印象時，人們總是傾向於根據自己的情況去評判他人，認為自己有怎樣的看法，別人也會有怎樣的看法，於是將自己的特徵、意志及感情投射到其他人身上，由此產生推己及人的認知障礙。我們常常掛在嘴邊的「以小人之心，度君子之腹」，就是投射效應的典型代表。關於投射效應，心理學家羅斯*做過這樣一個實驗——

羅斯一共找到了八十名大學生，問他們：「你們是否願意背著一大塊看板或宣傳牌，在學校裡四處走動一下？」結果，有百分之六十的參與者，也就是四十八名大學生，願意做這樣的事；另外百分之四十的參與者，也就是三十二名大學生，則不願這樣去做。進一步瞭解他們的想法，願意這樣做的學生表示他們覺得這件事情大多數人都會願意做，而不願這樣做的學生則感覺根本沒人會做這樣的蠢事。

參與實驗的任何一名大學生都不知道其餘七十九名大學生會做出怎樣的選擇，每個人都是根據自己的想法給出最後的答案。在不知不覺間，每名大學生都將自己對待這件事情的態度轉嫁到其他大學生身上，而根本沒有顧及其他大學生的感受。這個實驗的結果很好地印證了投射效應的存在。

投射雖然看不到，卻真實存在於我們身體之中，它並非有意識地主動進行，而是心理活動的自發投射。一般而言，它有三種表現形式：

1. 相同投射

與陌生人交往的時候，由於彼此不夠瞭解，相同投射效應往往很容易發生，常常會不由自主地從自身出發做出主觀的判斷。自己喜歡吃甜食，就覺得對方也會喜歡吃

---

* Lee David Ross，史丹佛大學心理學教授，以研究「歸因謬誤」聞名。

甜食，於是不經詢問便邀請對方一起吃甜食，但是對方或許血糖偏高，不能吃甜食；自己覺得工作很輕鬆，就覺得同事也應該覺得很輕鬆，所以在同事提出問題的時候感覺無法理解甚至愛搭不理，卻沒想到每個人都有自己的優勢和劣勢，每個人都有自己不懂的東西。之所以發生這種投射，是因為我們忽視了自己和別人之間的不同，沒有形成把自我和溝通對象加以區分的意識。

2. 願望投射

願望投射就是將自己的主觀願望強加於別人身上的投射現象。例如一位女士覺得自己很漂亮，她就會希望身邊的人對自己的容貌多加讚美。這種投射造成的結果就是，當一個人對這位女士的容貌做出一般性的評價時，她也會將這個評價理解成讚美的意思。

3. 情感投射

一般而言，人們更喜歡和自己欣賞的人打交道，而且越相處越覺得對方優點很多；對自己不喜歡的人，人們則不願有更多的交往，甚至稍有交往就覺得對方缺點頗多。受這種心理的影響，人們往往會對自己喜歡的人加以讚揚甚至吹捧，對自己不喜歡的人則會進行指責甚至誹謗。這種投射在愛情中表現得尤為顯著，人們常說的「情人眼裡出西施」就是其有力的證明。

很多時候，我們對自己的認知及對別人的認識會因為投射效應的影響而出現偏差。我們覺得自己是這個樣子的，而且覺得在別人眼中我們也是這個樣子的，但是事實上，我們對自己的印象並不等同於別人對我們的印象。比如，我們也許覺得自己造詣頗高，說出的話會讓人信服，能夠給人留下良好的第一印象，但是別人可能覺得我們說的話都是紙上談兵或是空話、套話，沒有什麼實際價值。

因此，在與人交往的過程中，無論是對己還是對人，切不可因投射效應而盲目樂觀，而要根據實際情況，盡量做出仔細的觀察和客觀的評價。這才是負責任的做法。而一個負責任的人，顯然更容易給人留下好印象。

自我檢查

☑ 請人吃飯時，我會根據自身喜好揣測對方並據此點菜嗎？

☑ 初次與別人見面時，我會主動談論一些自以為對方感興趣的話題嗎？

越怕越會發生！不可小看的墨菲定律

很多人都有過這樣的經歷：越是害怕發生不好的事情，不好的事情越會找上門來。這並不存在什麼玄妙的原因，而是與個人的心理狀態有關。

墨菲定律的精髓在於：如果同時存在兩種選擇，其中一種會引發災難性後果，那麼肯定會有人做出這種選擇。這聽起來有些不可思議甚至危言聳聽，但事實已經證明這個定律確實存在，我們耳熟能詳的「杞人憂天」的故事就是一個很好的例子。

做出選擇時，沒有人知道會有什麼結果。因為在過程中會有很多的變數，任何一個細小的變化，都可能對最終的結果產生影響。當然，在這諸多的不確定中，也有可以確定的東西，那就是越悲觀的人越容易選擇導致糟糕結果的選項。帶有悲觀情緒的人，通常擔心事情無法往好的方向發展，於是時刻提醒自己要注意避免不好的事情。然而，一旦事情真的出現了不好的苗頭，悲觀的人就會覺得結果只會變得更糟，而不會去想解決的辦法。在這種恐懼情緒的影響下，悲觀的人會不自覺地做出不好的選擇。

事實上，幾乎所有人都有悲觀情緒，只不過有些人能夠巧妙地將它隱藏起來，有些人則會直接將它顯露在外。這兩種人的區別僅僅在於，前者的想法無人知曉，後者的想法人盡皆知。但是無論說與不說，糟糕結果出現的可能性都是一樣的。所謂「越怕什麼，越來什麼」的魔咒，只不過是心理變化在起作用而已。

墨菲定律在很多場合都發揮著巨大的作用，社交場合自然也不例外。而且，越是初涉交際場的人，越容易受到它的影響。

孫淼才入職不久，對職場瞭解不多。一天，經理帶著他去參加一個商務活動。在這個活動中，孫淼將會見到很多客戶和合作夥伴。面對這樣一個千載難逢的機會，孫淼暗下決心要好好表現。同時，他也擔心自己在這樣的重要場合出醜，影響公司的形象。

因為有這種擔憂，孫淼在活動中表現得畏首畏尾，甚至不敢大聲與人交談。最終，果然如他想像中那樣，經理對他的表現甚為不滿，客戶對他也頗有微詞。

後來，孫淼變得更加謹小慎微，完全沒有一個新人應有的青春氣息和衝勁。不久，孫淼便因不堪壓力而辭職。他給人留下的印象，也只是一個難堪大任的「逃兵」而已。

對於職場新人孫淼而言，想要掌握社交場合的種種規則是非常困難的。各種不確定性加上對社交場合的陌生感，使得他對自己產生了懷疑，總覺得如果自己的表現不夠好，不僅會影響自己以後的發展，還會對公司產生消極的影響。在這種心理的影響下，孫淼想要發揮自己的正常水準，展現自己的能力無疑是十分困難的。越是擔憂結果不好，就越畏畏縮縮，在墨菲定律的影響下，孫淼給人留下的印象自然好不到哪去。

在實際生活中，因受墨菲定律影響而無法給人留下良好印象的事情比比皆是。這種心理因素的作用非常大。在與人交往時，我們應該盡量避免受其影響，以樂觀、平和的心態去面對陌生人和沒有經歷過的事。要記住，「怕」並不可怕，真正可怕的是「怕」背後的東西。只要能夠抓住「怕」的本質，那麼我們就能戰勝「怕」，樹立一個更好的個人形象。

自我檢查

- ☑ 做事情的時候，我是不是經常擔心做不好，結果也真的像我想的那樣不能令人滿意？
- ☑ 我是不是很害怕與陌生人見面，擔心給對方留下不好的印象？

CHAPTER

2

一眼就令人驚豔！造型搭配的原則

在一般情況下，服飾能夠透露出一個人的品味、素質及內心世界等，透過不同的造型裝扮，我們可以有效地傳遞恰當的資訊，向別人展現一個與眾不同的自己。得體而舒適的裝扮，能夠贏得讓人驚豔的第一眼緣，並由此給對方留下深刻的第一印象。可以說，樹立良好的形象，要從造型裝扮開始。

看場合穿衣，有效降低「疏離感」

一個人的著裝，是別人第一眼就能看到的。選擇與周圍環境相符的衣服，會讓你看起來更加親切一些，有利於給他人留下良好的第一印象。

與人見面的時候，外表最先展示在別人面前，它向別人傳遞出我們的第一條資訊。而在外表的諸多組成因素中，衣著則是十分重要的一個。畢竟，別人第一眼看到我們的時候，很難瞭解我們的性格、談吐之類的內在部分，而衣服卻顯而易見地呈現在別人面前，向人「描述」著我們的「真實面目」。

試想一下，公司要舉行一場隆重的慈善晚宴，同事們都穿著華美的晚禮服去參加，而你覺得天氣太熱，決定穿短褲、T恤去參加。到了現場，公司高層會對你產生怎樣的印象？答案不言自明。正是因為明白外表的重要性，所以我們在參加重要晚宴、參與商業談判或約會時，往往會精心地打扮自己，以便讓自己呈現出更好的狀態。

想要塑造好形象，在選擇衣服時就必須遵循一個重要的原則：契合周圍環境。只有著裝能夠融入周圍的環境，才能讓身邊的人感覺舒心自在，更願意與我們進行溝通；如果著裝與周圍的環境格格不入，就會讓身邊的人產生疏遠感，主動與我們拉開距離。

凱莉大學畢業之後就進入商界打拚，一投入就是數十載。數十年的商界打拚，不僅令凱莉成了一名成功的商人，還使得她對時尚頗有瞭解，重視提升個人品味。

每次出席重要宴會，或是參加商務活動，凱莉的衣服總是搭配得非常巧妙，與當時的環境相契合。

在大城市生活了幾十年之後，凱莉對忙碌的生活開始厭倦，於是決定遷居到離大城市較遠的一個小城市工作和生活。在小城市裡，生活節奏較慢，人與人之間的交往也相對簡單，這讓凱莉感覺十分愜意。

然而，凱莉雖然熱愛這個小城市，也喜歡和當地的人交往，但是她覺得自己並不是很受歡迎，人們似乎總是刻意地和她保持一定的距離。這讓凱莉略感困惑，於是向同事請教原因。同事告訴她，她的穿衣風格讓當地人覺得她是一個高高在上的人。

瞭解到這一情況之後，凱莉開始改變自己的穿衣風格。她開始像當地人一樣穿一些寬鬆休閒的衣服，並主動與人聊一些當地發生的事情。雖然剛開始她並不太自在，但是很快她就發現，她和新鄰居、新同事的相處比之前容易了很多。

凱莉從生活了幾十年的大城市來到小城市，卻依然按照之前的穿著習慣選擇衣服，這使得她和當地人之間有了明顯的隔閡。即便她沒有表現出高人一等的姿態，但是她的穿著已經替她表明了這樣的態度。在凱莉主動去適應當地的環境，重塑穿衣風格之後，人們在和她相處時有了更多的自在感，因此與她相處起來感覺更加舒服，她也更輕鬆地得到了人們的認可。

適合周圍環境的衣服會給人舒適和安定的感覺，讓對方卸下心理防備。在這種心理狀態下，溝通的效果顯然更好。所以說，在交往的過程中，一定要遵循著裝原則，這樣可以有效減輕對方的心理壓力，為塑造良好的第一印象奠定基礎。

自我檢查

- ☑ 參加活動時，我會考慮根據場合選擇適當的衣服嗎？
- ☑ 我的著裝能夠得到大家的認可和欣賞嗎？

塑造個人風格，兩大誤區要規避

每個人都有自己喜歡的穿衣風格，無論運動休閒還是西裝革履，都代表著這個人的個性。只要表現最真實的自己，往往就能給人留下深刻的印象。

在我們身邊，有很多十分努力且能力強的人。若論起工作，他們往往業績出眾，令人心生羨慕；若說起人際關係，他們卻常常處於失敗的窘境之中，讓人覺得百思不得其解。

實際上，出現這種情況的原因非常簡單──他們不懂得「包裝」自己。在這些人看來，個人能力是更為重要的東西，殊不知，在初次與人見面時，別人是無法瞭解他們的能力和成就的。第一次見面，人們第一眼看到的是他們的「包裝」，也就是穿著。

每一種穿衣風格都代表著不同的個性，它能在轉瞬之間把你的資訊傳遞給站在你對面的人──無論你是嚴肅認真還是幽默風趣，是墨守成規還是與時俱進。所以說，在選擇衣服的時候，一定要確認你的穿衣風格能夠傳達出準確的資訊。

希拉蕊曾在二〇〇八年美國總統選舉中首度參與美國民主黨總統初選。在參選過程中，塑造個人形象是一項非常重要的工作，它將影響參選者在選民心目中的印象，會對最終的選舉結果產生十分重要的影響。

對於希拉蕊的著裝風格，著名時尚品牌凡賽斯的設計師給出了這樣的建議：「可以多穿裙子，因為裙子能夠展現你作為女人柔媚的一面。裙子應該可以正好蓋住膝蓋，上身選擇短上衣或者搭配一件外套，這會對選舉有所幫助。你應該適當展現自己的女人之美，而不是一味地想著盡力展現自己的政治才能。」

作為政治人物，希拉蕊的政治才能必然是選民十分看重的。但是從性別的角度來說，女性的柔媚和親和力顯然更能讓她展現自己與眾不同的一面。在服裝的選擇上，設計師給出了符合女性定位的建議，讓希拉蕊能夠更好地展現自己的個性。可以說，正是這種穿衣風格，讓希拉蕊迅速拉近了與選民之間的距離，使得希拉蕊在選民心中留下了較好的印象。

隨著時代的發展，衣服的款式、面料等呈現多元化的發展，現代社會的人們，在服裝方面已經有了十分多樣的選擇：運動裝、休閒裝、中山裝、禮服、旗袍以及嘻哈風格的服裝等。正是因為選擇的逐漸增多，人們也越來越能透過服裝來表達自己的個性，甚至創造屬於自己的潮流。

透過觀察不難發現，很多人對服裝的風格都有一定的偏好。人們在選擇服裝的時候，總會選那些自己喜歡的且符合自己審美觀念的。也就是說，服裝的風格就是一個人性格的展現。性格的多樣性決定了穿衣風格的多樣性。但是，一些人過於追求個性，以至於對衣著的定義出現了偏差。如果單純地認為個性就是毫無顧忌地展現自己，選擇自己喜歡的就是最好的，而不去考慮別人的審美觀和接受程度，那麼不僅無法給別人留下好印象，還可能在社交場合中吃大虧。

所以說，我們要學會規避著裝的誤區，不要因所謂的「風格」而讓別人感覺不適。

1.個性不等於品味

在現代社會，人們採用多種方式來表達自己的個性，而服裝就是其中之一。有些人覺得越是獨特的穿著，越能展現自己的個性、體現自己與眾不同的品味。實際上，個性和品味並不能畫等號，只有那些符合自己個性且能被人接受的風格才會受人歡迎。

2. 貴的不一定就是好的

「一分錢一分貨」這句話有一定的道理，但是這並不意味著越貴就越好，尤其是在衣著方面，穿什麼風格的衣服，應該根據自身情況去決定。「只買貴的，不買對的」這種思想，更是大錯特錯。

透過一個人的穿衣風格，可以瞭解他的個性。具有自己穿衣風格的人，往往透過這種方式來傳遞自信。這種自信，能夠有效增加個人魅力，在初次見面時會讓對方產生眼前一亮的感覺。

當然，穿衣風格的塑造需要一個過程，過程的長短則因人而異。但是有一點毋庸置疑，那就是無論塑造的過程需要多長時間，對於我們而言都是十分值得的。

自我檢查

- ☑ 買衣服的時候，我是不是對奇裝異服情有獨鍾？
- ☑ 我的穿衣風格是否受人歡迎，能否在朋友圈裡形成一股風潮？

讓人備感尊重的穿衣技巧

每個人的內心深處都對尊重有著深深的渴求，透過穿職業裝的方式來表達尊重的態度，往往能給對方留下較好的印象。

在馬斯洛的「需求層次理論」中，人類有五種最基本的需求，其層次從低到高依次是生理需求、安全需求、社交需求、尊重需求和自我實現需求。在人生的不同階段和不同環境中，這五種需求會以單獨或同時出現的形式影響我們的生活。

現代社會，生理和安全需求基本上都能被滿足，科技進步也讓社交需求呈現多元化的趨勢，也因此更高一級的尊重需求正受到越來越多人的重視。尊重需求除了包括個人對於成就或自我價值的體驗外，還包括他人對自己的認可和尊重。一旦尊重需求被滿足，人們就會對自己充滿信心，對社會充滿熱情，充分感受到自己所具有的價值。

關於尊重需求，還有一個十分鮮明的特點，那就是社會地位越高的人，對尊重的需求往往越強烈。原因很簡單：社會地位越高的人，受到的關注越多，諸多關注經過重重疊加之後，總體的尊重需求就會呈現巨大的增幅。

在社交場合中，人們十分重視尊重需求。透過恰當的方式適時、真誠地表達尊重，會讓對方感受到我們的熱情。而表達方式多種多樣，在職場上，穿職業裝是一種非常有效的做法。透過職業裝表達尊重的態度，不僅能讓對方接受、喜歡我們，還能讓我們樹立良好的形象。通常來說，公司對員工的著裝都會有所要求，有統一服裝的公司，往往會要求自己的員工穿職業裝上班。這是因為穿職業裝不僅能表現出對同事、客戶的尊重，還能讓員工產生自豪感和責任感，進而激發員工的工作熱情和積極性。

不妨想像一下，在你的辦公室裡，幾乎所有人都穿著職業裝，唯有一個人總是想穿什麼風格的衣服就穿什麼風格的衣服，對於這個人，你會有什麼樣的看法呢？答案十分明顯，這個人應該不會受到歡迎，他的格格不入讓人反感，不尊重別人，自然無法贏得別人的尊重。一般而言，穿職業裝的基本要求有以下幾點——

（1）整齊。服裝必須合身，袖子的長度要到手腕，褲子的長度要到腳面，裙子的長度要到膝蓋以下，襯衫的領圍以能夠插入一根手指為宜，褲裙的腰圍以能夠插入五根手指為宜；不挽袖子，不卷褲管，扣子扣整齊，領帶、領結等與襯衫領口貼合緊密且保持端正，工牌或標誌牌等要佩戴在左胸正上方。

（2）清潔。服裝清潔是一個基本要求，要做到服裝沒有污漬、異味，尤其是領口和袖口要時刻保持乾淨，這樣才能給人清爽的印象。

（3）挺拔。服裝不能有褶皺，穿之前要熨燙平整，穿完脫下之後要用衣架掛好，做到上衣平整，褲線筆挺。

（4）大方。款式簡潔、雅致，線條自然流暢，有利於工作的展開。

在職場中，尊重別人的人往往更易得到別人的尊重，這和人們對尊重的需求有著密切的關聯。當你穿著整齊、清潔、挺拔、大方的職業裝出現在別人面前時，你所傳遞的資訊就是尊重對方。所以，作為職場人，穿職業裝十分重要且必要。一旦對方因職業裝而感受到滿滿的尊重，那麼你便可以給對方留下良好的第一印象。

自我檢查

☑ 在週末拜訪客戶時，我喜歡穿休閒一些的服裝嗎？

☑ 對於職業裝，我並不是非常喜歡，是因為覺得它太刻板了嗎？

選對髮型，個人氣質更鮮明

與陌生人交往的時候，髮型很有可能成為我們身上的一個閃光點。透過不同的髮型，我們可以展現不同的個人形象，進而給對方留下與衆不同的第一印象。

頭部位於人體的正上方，最容易吸引人們的視線並引起關注。與別人近距離接觸的時候，人們首先關注到的就是頭部。

毫不誇張地說，頭部是我們展現自己、傳遞資訊的重要載體，頭部的任何一個部分都可能成為第一印象產生的源頭。這其中，髮型自然是不可忽視的重要組成部分。

髮型可以直觀地反映出一個人的精神狀態和性格特徵，不同類型的髮型能夠帶來截然不同的視覺效果。有的髮型可以彰顯人的青春活力，有的髮型可以突出人的穩重老成，有的髮型可以讓臉型顯小，有的髮型能展現人的端莊淑雅……不管是哪一種髮型，都有相對適合的人群。我們在選擇髮型的時候，不僅要考慮性別、年齡、職業等方面的因素，還要注意髮型應該與個人氣質相符才行。只有對各種因素進行綜合考量，才能最大限度地展現自己的美好形象。

中央電視臺（央視）有一個名叫「出鏡委員會」的專門機構，其成員都是中央電視臺的資深主持人。在主持人上鏡之前，出鏡委員會的成員會對他們進行一些培訓，並監督和檢查主持人的形象。

著名主持人趙忠祥曾是出鏡委員會的成員之一，他曾說：「出鏡委員會的主要工作是監督主持人的形象，主持人的髮型自然也是監督的內容之一。」趙忠祥解釋說，主持人的形象絕對不能出格，而且要保持一定的延續性，在長時間的主持工作中，許多人的髮型已經成為其個人形象的重要組成部分，甚至已經變成他們個人及節目的某種標誌。雖然人的長相難以改變，但是呈現在觀眾面前的形象是可以塑造的，一旦主持人在觀眾心目中形成某種固定印象，就不能再隨意改變，那麼隨意地改變髮型自然是不行的。

在不同的場合中，人們往往需要以不同的形象示人，在塑造形象的時候，髮型是非常重要的組成部分之一。即便同樣是主持人，因為所主持的節目風格不同，在髮型的選擇上也會有所差異。比如，新聞節目的主持人應該表現出莊重、沉穩的一面，所以髮型應該整齊、俐落；娛樂節目的主持人應該表現出活潑、靈動的一面，所以髮型應該新潮、亮麗。

就個人形象而言，髮型是十分重要的因素之一，我們必須對它予以足夠多的重視。通常來說，髮型並沒有好壞之分，只要它能夠與我們的臉型、膚色、體型等相匹配，與我們的工作、身分、氣質等相吻合，就能展現出我們的個人魅力。儘管有很多與髮型有關的因素我們是無法改變的，但是根據不同的情況去選擇髮型，也能充分地展現我們的思想和特點。

自我檢查

- ☑ 無論參與什麼活動，我是不是總以同一種髮型示人？
- ☑ 對於髮型，我是否並沒有特別在意，覺得只要自己舒服就行了？

細節致勝！小巧思能添大魅力

飾物是造型裝扮的重要組成部分，透過不同的飾物，可以展現一個人不同的心理狀態，給別人帶來不同的感受，進而形成相應的印象。

看到一個人的時候，我們常常會根據他的外表對他做出初步的判斷。那麼，我們的關注點都會放在哪些方面呢？他所穿的衣服、所佩戴的飾物等都會成為關注的一部分。實際上，任何一個微小的細節，都可能成為我們做出判斷的依據。

古語云：「清水出芙蓉，天然去雕飾。」自然之美固然讓人覺得陶醉，但是，佩戴飾物也是增加個人魅力的極好選擇。在我們身邊，總有一些對時尚有著特殊感情的人，他們對隨身的小配件有著獨特的喜好和較高的要求。而且，他們往往能借助一些小小的飾物，讓自己的氣質、形象等產生巨大的變化。

透過佩戴合適的飾物，可以更好地展現自己獨特的風采，給人留下更好的印象。

那麼，我們應該如何選擇飾物，才能更好地展現自己的性格呢？

1. 領帶

領帶最早起源於十七世紀後期，直至今日依舊是男士造型裝扮中的重要組成部分。男性給人留下的第一印象，百分之八十五取決於胸前「又」字區。選擇領帶時，一定要注意圖案、色彩要與出席場合相符。年齡、職業、職位、性格等因素也應加以考慮。

西裝、領帶、襯衣的色調應該搭配和諧，且領帶的主色調要與襯衫的有所區別。如果領帶和西裝屬於同一色系，那麼領帶的顏色要比西裝的更亮眼一些。穿禮服的時候，領帶的顏色應盡量莊重一些，如果沒有特殊情況，最好不要選擇鮮紅色的領帶。

2. 錢包

儘管如今手機支付已經十分普遍，但是錢包並沒有因此而被淘汰。而且，恰恰因為錢包的「出鏡」次數有所減少，它的裝飾作用才越發凸顯出來。

當我們掏出錢包時，通常會下意識地想到自己的錢包是不是足夠體面，會不會讓別人因為錢包而對我們產生不好的印象。畢竟錢包的皮質、款式等能夠直接反映一個人的品味、訴求，甚至是經濟條件。皮質堅挺而柔軟的錢包，較適合那些對生活品質有要求的人。比如名牌的經典款式，其簡潔雅致的設計完全可以體現我們的生活態度。

3.手錶

不少時尚人士對手錶有著狂熱的追求，對手錶的要求也極高。有些人不僅對手錶的款式、特點等瞭若指掌，而且購買的手錶也不止一塊。

一般來說，手錶可以分為時裝手錶和運動手錶兩大類。在穿著不同風格的衣服時，應該搭配相應風格的手錶。也就是說，穿著高檔服裝時，應該佩戴高檔手錶；穿著休閒服裝時，則應該佩戴運動手錶。不然的話，會給人不倫不類的感覺。

總而言之，不同的飾物會給人帶來不同的心情。好的飾物能夠給人帶來好的心情，而好的心情又會提升個人的氣質。內在美會在無形中增加一個人的魅力指數。無論是誰，想給別人留下良好的第一印象，都應從飾物方面多做考量，在細節上逐步完善自己。

自我檢查

- ☑ 在社交場合中，我對自己的飾物是不是並不在意？
- ☑ 對於陌生人的飾物，我會不會多一分關注？

衣服顏色背後，隱藏的心理訊息

不同的色彩代表著不同的心理，色彩往往能夠反映一個人的思想、狀態等。所以，在社交場合中穿何種顏色的衣服，是需要我們認真考慮的。

俗話說：「佛靠金裝，人靠衣裝。」

這句話充分說明了衣服對於一個人的重要性。雖然人們常說「人不可貌相」，但是就第一印象而言，很多人往往不可避免地會透過一個人的衣著來判斷他的身分、地位、學識、品味等。

服裝是否合適，不僅與款式、質地、場合等因素有關，與顏色的關係也十分密切。瞭解衣服顏色和心理狀態之間的關係，將有助於我們樹立良好的形象，為進一步的溝通打下堅實的基礎。下面，就簡單介紹幾種常見的衣服顏色，看一看它們背後隱藏著怎樣的資訊。

1.黑色

帶有自保意識的顏色，可以有效幫助我們免受外界影響，並對對方產生很大的影響。如果想要命令或是說服對方，穿黑色衣服將是一個極好的選擇。

2.白色

代表著純潔，象徵著坦誠、真摯，穿著白色衣服會讓人覺得我們是很願意配合的人，給人一種親切感。但是，白色也會讓人不敢輕易接近。

3.紅色

往往給人一種活力十足、朝氣蓬勃的感覺，會給人留下十分深刻的印象。如果想讓對方牢牢地記住自己，穿紅色的衣服將有比較好的效果。

4.綠色

代表著和諧、融洽，會讓人覺得比較舒服。如果想和對方進行更深層次的交流，可以考慮穿綠色的衣服。

5.藍色

深藍色意味著真誠實在、理性十足，給人一種可以信任的感覺；淺藍色代表著明快、自由，能夠體現我們的創造性。

6. 粉色

代表著需要保護，能夠有效激起對方的保護欲望。如果女士想要展現自己小鳥依人的一面，穿粉色的衣服是比較適合的。

7. 黃色

傳達的是追求快樂和探索新鮮事物的資訊，給人一種積極向上的感覺。如果對方是一個喜歡新鮮事物的人，那麼穿黃色衣服將有助於溝通的順利展開。

8. 紫色

意味著獨立自主，給人一種很有主見的感覺。如果想要贏得對方的關注，或是展現自己的與眾不同，那麼紫色衣服是很好的選擇。

9. 橙色

代表著快樂，給人一種容易溝通的感覺。如果想要用快樂感染對方，進而增進彼此之間的感情，穿橙色的衣服將會有所幫助。

10. 灰色

代表著低調、深沉。如果不喜歡拋頭露面，只想做襯托紅花的綠葉，那麼選擇灰色的衣服是非常適當的。

每一種顏色都代表著不同的心理語言，也能反映一個人的品味和性格。想要樹立良好的形象，我們完全可以根據不同的情況選擇適當顏色的衣服。如果對方同樣是一個懂得根據顏色來判斷心理狀態的人，那麼我們正好可以透過顏色的變化來產生積極的影響，讓對方順著我們的暗示往前走，最終達到順暢溝通的目的。

自我檢查

- ☑ 無論和誰見面，我是不是總是喜歡穿什麼顏色的衣服就穿什麼顏色的衣服？
- ☑ 與陌生人見面，我會不會根據對方衣服的顏色採取不同的溝通方式？

別人眼中的你，其實是你穿的「衣」

在交往的過程中，不同的服飾會對第一印象產生截然不同的影響。想要給別人留下好印象，就必須在服飾方面投入更多的精力，下一番功夫。

服飾對第一印象的影響，很多人都深有體會。有時候，我們說一個人具有魅力，甚至具有極大的吸引力，並不是因為這個人長得有多漂亮或者多帥氣，而是因為他的高雅舉止和得體服飾。

關於這一點，相信很多人都有過切身感受：當我們觀察一個人的時候，相當大的一部分注意力都會集中在他的服飾上。如果交往雙方的服飾風格相差太大，往往會對溝通產生消極的影響，甚至可能由此產生巨大的障礙。試想一下：你和某人初次見面，對方身著十分正式的西裝，而你穿著非常休閒的運動服，你會不會覺得跟對方沒有什麼共同話題？相信很多人都會覺得，服裝風格的巨大差異給自己的心理造成了一定的影響。

有時候，很多人並不會考慮服飾對第一印象的影響，也沒有注意到服飾與溝通之間的重要關聯。而恰恰是這種忽視，使得人際關係變得越來越差。

實際上，在各種場合中，我們都需要「裝飾」出不一樣的第一印象。在選擇服飾的時候，不僅要適合場合，還要展現出自己的風格，這樣才能最大限度地展現自己，並對溝通產生積極的促進作用。

從某種程度上說，服飾也在默默地「說話」，起到傳遞資訊、交流感情的作用。可以說，服飾在溝通中起到了非常重要的作用。那麼，服飾究竟在交際中發揮著什麼作用呢？

1.影響第一印象

初次見到一個陌生人，影響第一印象的主要因素是外貌，而服飾則是外貌的重要組成部分。一般來說，在觀察交往對象時，有百分之八十到九十的注意力都會集中在對方的服飾上。

可以說，服飾是否得體直接決定著第一印象的好壞。事實證明，服飾得體會給人留下良好的印象，而服飾凌亂則容易被人疏遠。

2.展示個人資訊

服飾的另外一個作用，就是展示個人資訊。我們可以透過對方的服飾來判斷他的各種情況，如社會地位、經濟狀況、職業、年齡等。更為重要的是，服飾在展示資訊的時候是非常明顯、直接的。

3.含蓄暗示

與人交流的時候，語言是最主要的工具，但是當語言表達受到限制的時候，我們可以借助服飾來表達心意。儘管服飾不能像口頭語言一樣直接表達觀點，但是它可以含蓄、間接地向別人傳遞資訊，並由此對別人的心理和行為產生相應的影響。我們可以利用服飾暗示別人，使對方依據當時的情況產生正確的理解。

4.情緒感染

服飾不僅能傳遞資訊，還能作為一種刺激信號，藉以傳遞情緒。對於交往雙方的情緒而言，服飾有很大的影響。如果服飾輕便、瀟灑，情緒也會興奮、高漲；如果服飾破舊、邋遢，情緒也會消沉、低落。

當我們穿著十分漂亮的服飾出門時，心情會非常愉快，這種愉快的情緒會傳染給對方，使對方對我們心生好感；當我們的服飾不夠得體時，心裡會感到羞愧，這種情緒傳染給對方之後，會讓對方覺得我們是消極的人，因此與我們保持距離。

由此不難看出，服飾對社交活動有著較大的影響。我們可以透過不同的服飾，看透別人的內心世界。同樣，我們也可以透過恰當得體的服飾，讓自己變得更受歡迎，讓我們與別人的溝通變得更加愉快。

自我檢查

- ☑ 對於不同服飾的作用，我是不是非常瞭解？
- ☑ 服飾能夠影響別人的情緒，這一點我是否從來都沒有注意過？

CHAPTER

3

一舉一動都是戲！肢體語言的奧祕

作為一種無聲的語言，肢體動作中隱藏著豐富的資訊，我們的一舉一動、一顰一笑都在無形中傳遞著資訊。也許平時我們關注不多，但是細心觀察的話，就會很容易發現，其實每一個細微動作都隱藏著不同的心理。從這個角度來說，掌控自己的肢體動作無疑有助於我們向別人展現更好的自己。

一個對的眼神，更勝千言萬語

透過眼睛，我們不僅能向別人展示自己，還能觀察別人的內心世界。不誇張地說，眼神的無聲交流有時甚至比語言交流的效果更好一些。

美國作家愛默生*曾說：「當眼睛說得這樣，舌頭說得那樣時，有經驗的人更相信前者。」這句話說明，一個人的眼睛可以更真實地反映其的內心世界，目光比語言更加可靠、更加可信。所謂「電波效應」，指的就是人們通常可以借助某人眼神的變化去洞察其真實意圖。

相關研究結果表明，人的大腦接收到的所有資訊中，其中百分之八十七來自眼睛，百分之九來自耳朵，百分之四來自其他器官。由此可以看出，在接收資訊的時候，眼睛具有非常重要的作用，也就是說，目光語言是身體語言的重要組成部分。在諸多的非語言交流方式中，目光交流是最直接、最有效的方式。

在與人交流的過程中，良好的目光交流不僅可以吸引對方的注意力，還能傳遞資訊，而不良的目光交流，則會給對方留下形象不佳的印象。

美國有一檔非常著名的訪談節目，名叫《歐普拉脫口秀》。這檔節目的主持人是歐普拉．溫芙蕾，她是一個非常善於利用目光進行交流的人。

從開播到停播，《歐普拉脫口秀》經歷了二十多年的風風雨雨。在這段時間裡，每一期節目都能吸引為數眾多的觀眾，並在觀眾中引起極大的反響。

停播前的最後一期節目中，歐普拉雙目含情地走到現場觀眾面前，依依不捨地和他們道別。她眼中滿含淚水，目光中充滿了悲傷，讓現場的每一個人都感同身受，為即將到來的分別而悲傷。

歐普拉的視線緩慢掃過在現場的觀眾，逐一和他們深情對視，好像是希望把所有的人都記在自己的腦子裡。對視結束之後，她邊掃視全場邊衷心地向大家表示感謝，希望大家以後可以繼續關注和支持自己。到了情緒難以自己的時候，她把目光投向了

---

* Ralph Emerson，十九世紀美國知名作家、演説家，曾被林肯譽為「美國的孔子」、「美國文明之父」。

那些非常熟悉的老觀眾，向他們表達深深的謝意和殷切的祝福。

最終，節目在十分悲傷的氛圍中結束，歐普拉用讓人深受感動而又印象深刻的目光表達了自己內心的情感。那一刻，無論是現場觀眾還是電視機前的觀眾，都被她的表現深深震撼。

歐普拉是一位十分著名的主持人，深受觀眾的喜愛，她取得的成就，令同行讚歎。毫不誇張地說，在她的主持過程中，目光發揮了重要的作用。透過眼睛，她不僅傳遞了自己想要傳遞的資訊，也接收了觀眾們傳遞出來的資訊。這種眼神的無聲交流，其實比語言交流更加直接和深入。

印度著名詩人泰戈爾說過：「一旦學會了眼睛的語言，表情的變化將是無窮無盡的。」由此不難看出，眼睛所能表達的資訊遠遠超出人們的想像。恰當的目光交流，可以傳達我們內心深處的真誠，讓別人由此瞭解我們、理解我們，也有助於我們瞭解別人的想法，體會他們的感受，進而掌控溝通的進程。

從某種意義上說，想要給人留下良好的印象，就要學會運用自己的目光，透過豐富多樣的目光語言和別人進行順暢的溝通。

當然，運用目光交流的前提是真誠以待，要讓別人感受到我們的真情實意。如若不然，即便擁有再多的目光交流技巧，都不過是空有一副皮囊，根本無法觸及對方的心靈深處。

自我檢查

- ☑ 和別人說話的時候，我是不是始終低著頭，不敢看對方的眼睛？
- ☑ 遇到陌生人，我的目光是不是總是遊移不定？

笑臉相迎，親和力救你一命

一張面帶微笑的臉，總能給人帶來更多的親切感。想給人留下良好的第一印象，親切自然比冷漠強得多。

拿破崙．希爾*說過：「真誠的微笑就像神奇的按鈕一樣，能立刻接通他人友善的情感，因為它的意思是『我喜歡你，我希望和你做朋友』。」也許有些人覺得這種說法過於誇張，但就實際效果而言，微笑確實具有與眾不同的神奇魔力。

從心理學的角度來說，微笑有助於迅速拉近彼此之間的距離，從而快速贏得對方的好感，給對方留下親切的印象。歸結起來，它就是我們常說的微笑法則。

微笑是一種世界通用的身體語言，無論你身處何地，即便語言不通，難以進行語言上的溝通，但是只要你能展現自己的微笑，那麼對方就能馬上感受到你的善意，進而願意敞開心扉，和你進行進一步的溝通。

不信的話，可以試想這樣的情景：你的面前站著兩個人，一個人面帶微笑、和藹可親地和你說話，另一個人則面沉似水、冷若冰霜地和你說話，你會更願意和哪一個人溝通呢？

答案應該是十分明顯的，大多數人都會選擇前者。其中的道理也很簡單，一個始終面帶微笑的人會給人一種親切感，即便他所說的話沒有什麼深奧的道理，他給人的愉悅感也已經讓人心生好感了。

在一次戰鬥中，一名飛行員奉命執行一項重要任務，不幸的是，他被敵人俘虜，最終被關進了監獄。

監獄的看守面相凶惡，看起來非常恐怖。飛行員感覺十分惶恐，因為他認為自己第二天就會慘遭殺害。為了緩解緊張的情緒，他想抽支煙。他把全身上下摸了個遍，可惜只找到了香煙卻沒有火柴。

再三猶豫之後，飛行員壯著膽子向看守借火。看守面無表情地看了他一眼，順手

* Napoleon Hill，已故美國知名作家。曾採訪五百多位美國各行各業的成功人士，總結出他們的成功法則，是世界知名的勵志導師。

把火柴遞了過來。飛行員完全沒有想到事情會如此順利，心生快樂的他不經意間露出了微笑。更讓人難以置信的是，看守竟也跟著笑了起來。

兩個人以微笑為開端，開始了融洽的交流。談話涉及的範圍十分廣，內容非常豐富。他們越聊越開心，越聊越投機。聊到最後，看守竟然打開牢門，帶著飛行員來到監獄外面，並讓他立刻離開，之後便獨自回了監獄。就這樣，飛行員重獲了自由。

飛行員的這段經歷向我們展示了微笑的巨大魔力，僅僅憑藉一個不經意的微笑，就拯救了自己的生命，這樣的結局任誰都難以想像。

美國前總統威爾遜說過：「假如你握著拳頭來見我，我可以保證，我的拳頭會握得比你的更緊；假如你面帶誠摯的微笑來見我，對我說『讓我們好好談一談，看看彼此為什麼意見相左』，那我就會保持良好的心態與你進行交談。」毋庸置疑，威爾遜的這種說法代表了絕大多數人的觀點。每個人都喜歡和顏悅色的人，對這種人也會給出較高的評價。

所以對於我們來說，微笑是溝通中十分有效的武器，它不僅代表著禮節，還能體現一個人的素養。

微笑能夠真實地反映一個人的內心世界，面帶微笑地和對方進行溝通，對方也會以微笑作為回應。真誠的微笑，能夠表現出極佳的親和力，並與對方進行初步的感情交流，這不僅有助於營造融洽的溝通氛圍，還會讓對方滿心歡喜地敞開自己的心扉。

自我檢查

- ☑ 面對初次見面的陌生人，我總會笑臉相迎嗎？
- ☑ 對自己不喜歡的人，我能做到盡量保持微笑嗎？

嘴角上揚的人，心胸更寬廣

嘴巴不但能用於說話，而且它所呈現的姿態或動作還能反映一個人的心理。那些嘴角經常上揚的人，通常具有寬廣的心胸。

在身體的各個組成部分中，嘴巴是非常重要的一個。它的主要功能是吃飯和說話，這一點毋庸置疑。但是除了主要功能之外，嘴巴其實還有各種各樣的小動作，它們往往可以反映不同的心理狀態和情緒。比如，不經意間的噘嘴動作常常代表著生氣或不滿，故意做出的噘嘴動作則可能是為了表現可愛的姿態，嘴巴抿成一條縫的人通常具有堅定的意志，嘴角上揚的人往往具有寬廣的心胸。

總而言之，嘴巴雖然不大，但是其「表情」相當豐富。當你看到喜歡嘴角上揚的人時，一定要抓住機會與他進行更深層次的交流，因為這樣的人會心胸開闊地面對所有的事情。即便你們之間發生過誤會或產生過矛盾，在關鍵時刻，他依然會不計前嫌，竭盡全力地為你提供幫助。

一天，孫鑫的母親突患重病，他將母親送到醫院進行救治。可是，醫院的病人實在太多了，普通床位根本不夠用。因此，孫鑫的母親被暫時安置在醫院走廊的臨時床位上。

看著被病痛折磨得萬分痛苦的母親，孫鑫心急如焚。他不時地詢問醫生什麼時候才有病床，但是得到的回答總是「暫時沒有」。孫鑫焦急地在母親床邊走來走去，一不留神撞到了一位醫生。孫鑫急忙向醫生道歉，對方嘴角揚起，輕聲地說了句「沒關係」，便走了。

雖然沒有看清醫生的長相，但是他那揚起的嘴角一下打開了孫鑫的記憶之門——孫鑫突然想到了自己的高中同學李明磊。孫鑫清晰地記得，李明磊說話的時候就喜歡這樣揚起嘴角，並因此頗受同學們的歡迎。

有一次，孫鑫和李明磊發生了一點小摩擦，李明磊在說完自己的想法之後，又習慣性地揚起了嘴角，孫鑫覺得李明磊這是在藐視自己，於是和他打了一架。從那以後，兩個人幾乎不再說話。高中畢業之後，兩個人各奔東西，至今已經過去十多年的時間。

其間，孫鑫聽同學聊起過李明磊，據說他考進了醫科大學，畢業之後發展得還算不錯。

孫鑫正沉浸在回憶裡，突然被一陣喧鬧聲拉回了現實。他抬頭一看，發現一位醫生正俯身查看母親的病情。

「不認識我了，老同學？」那位醫生抬起頭來，揚起嘴角對孫鑫說。

「你……你是李明磊？」孫鑫有些難以置信。

「是我啊！我還怕你早就把我忘了呢。」李明磊略帶調侃地說。

「這……這……這事就別提了，太不好意思了。」孫鑫有些無地自容。

「開玩笑呢，別當真啊！阿姨的病情有些嚴重，得趕緊住進特護病房。」李明磊又說。

「但是我的錢沒帶夠！」孫鑫有些尷尬地說。

「錢的事就別操心了，我先幫你墊上！」李明磊爽快地說。

當李明磊再一次展現他那標誌性的「嘴角上揚」時，孫鑫再也抑制不住自己的淚水了。此刻他才知道，李明磊從來沒有藐視過自己，也沒把之前的摩擦放在心上。

十多年前的摩擦讓孫鑫和李明磊產生了隔閡，兩個人就此失去了聯繫。再次相遇的時候，尷尬在所難免，但是李明磊的寬容表態和善意玩笑讓所有的隔閡都煙消雲散。李明磊的性格特點決定了這樣的結局，孫鑫對李明磊的印象也因這次偶然的相遇而變得有所不同。

經過長期的觀察和研究，微行為專家發現，喜歡嘴角上揚的人一般都非常聰明、開朗。這類人很喜歡結交朋友，且善於包容別人，並不會將雞毛蒜皮的事記在心上。他們的人際關係通常很好，在遇到困難的時候往往能夠得到別人的支持和幫助。因此，為了給人留下較好的印象，時常揚起嘴角，是一個十分有效的推銷自己的手段。

自我檢查

- ☑ 面對一個初次見面的人，我是不是難以露出笑容？
- ☑ 遇到尷尬的事情時，我會不會緊閉嘴巴，什麼話都不想說？

小心！握手方式出賣你的心

握手是非常普遍的社交動作，也許因為過於司空見慣，所以有些人對它並不重視。殊不知，將握手當作例行公事的人，往往無法給人留下好印象。

在人際交往中，握手是一種十分普遍的禮儀，也是展現個人力量的一種方式。想要給人留下美好的第一印象，瞭解握手的「語言」是十分重要的。

按照字面意思，握手是手和手的結合，但這種肢體的動作能夠發展為心與心之間的溝通，也就是說人們能夠從握手這個動作中感受到強烈的連帶關係。相關的研究表明，握手能夠反映一個人的諸多資訊。透過握手的方式，能判斷出一個人的性格特徵。

握手的方式主要有以下幾種：

1.用很大的力氣

這類人握手時很用力，甚至讓對方感到疼痛，他們往往喜歡逞強且相對自負；但這類人比較真誠，性格直率且堅強。

2.不太積極

這類人握手時顯得有些被動，手臂呈彎曲狀態且朝自己靠近，他們往往行事小心、因循守舊。

3.輕輕接觸一下

這類人握手時輕輕一觸，握得不緊且力量不足，他們往往比較內向，容易被悲觀情緒困擾。

4.略有遲疑

這類人握手時顯得有些遲疑，通常是在對方伸出手之後，自己猶豫片刻才將手伸出去，他們大多性格內向，缺乏判斷力，且猶豫不決。

5.敷衍了事

這類人握手時就像例行公事一般，並沒把握手視作表達友好的方式，他們通常做事草率，沒有足夠的誠意。

6. 握得很緊但迅速放開

這類人往往善於處理人際關係，似乎與所有人都能友好相處；但是，這有可能只是一種假象，他們實際上十分多疑，不願輕易相信任何人。

7. 十分緊張

這類人看上去鎮定自若，但實際上他們內心十分掙扎，只是用語言、動作等各種方式來掩飾自己而已。

8. 氣力不足

這類人通常意志力不夠堅定，在大多數情況下，他們有點軟弱，缺乏幹勁和魄力。

9. 用雙手握住別人

這類人通常會顯得十分熱情，有時甚至熱情過度，讓人覺得難以接受；他們不習慣受到束縛，喜歡按照自己的意願生活，且不太拘於小節。

10. 有規律地上下擺動

這類人通常精力充沛，能夠同時應付幾件不同的事情；他們親切、隨和，做事又很有魄力，往往言出必行。

11. 像老虎鉗一樣緊握別人的手

這類人在大多數情況下表現得十分冷漠，有時甚至顯得殘酷；他們希望能夠征服和領導別人，但是又不會直接表露自己的這種想法。

握手的方式不同，展現的內心世界也不同。握手雖然只是一個小小的動作，但是對第一印象的形成有著十分重要的作用。想要在社交場合中吸引眾人的目光，贏得別人的認可，握手是不可忽視的一種表達方式。

自我檢查

☑ 與別人握手的時候，我常常採取什麼樣的方式？

☑ 陌生人很用力地與我握手時，我會做出怎樣的回應？

走路時，手放哪裡更顯自信？

很多老年人都喜歡把手背在身後走路，這是一種十分常見的動作，其背後隱藏的資訊是輕鬆、自信，會讓別人產生信服感。

在這個世界上，總有許多深藏不露的人，即便他們是億萬富翁，也依然選擇低調做人。比如，大家熟知的馬雲就喜歡樸素的著裝，再搭配一雙千層底布鞋。如果僅僅通過外表或服飾來判斷這些人的身分、地位，可能常常會做出錯誤的判斷。

讓人遺憾的是，很多人往往重視外貌，而輕視身體語言。殊不知，越是高深的人，越不願表露在外。只有透過他們的身體語言，才能發現一些端倪。

李響是一家公司的銷售主管。前段時間，部門的銷售經理辭職了。李響暗自揣度：「經理辭職離開，副經理就會升職成為經理，那我就有機會晉升副經理了。」可是，出乎他意料的是，幾天之後公司就新來了一位經理。

這位新上任的經理相貌普通，威懾感不足，走路的時候彎腰駝背，上班時還喜歡背著手踱來踱去，給人的感覺很不舒服。李響本來就因失去晉升機會而對新經理心懷不滿，看到他的這些舉動就更加反感了。所以，他刻意與新經理保持距離，工作的時候也是敷衍了事。他十分篤定地認為，這位新經理做不出什麼業績，很快就會被公司辭退。

然而，李響的同事趙亮對新經理則十分支持，只要是新經理交代的工作，他都會保質保量地完成。對於趙亮的做法，李響很不贊同，甚至奚落趙亮：「也就你把經理當回事，聽到他的命令跟接到聖旨一樣。你也不看看他那個樣子，早晚會被掃地出門的。」趙亮只是笑笑，卻什麼也沒說。

不知不覺間，三個月的時間過去了。有一天，總經理忽然做出任命：趙亮擔任部門銷售經理一職。在場的人都感到非常詫異，大家你看看我，我看看你，不知道公司高層為何會做出這樣的決定。

後來大家才知道，新經理其實是公司的董事長，他暫代經理一職，就是想挖掘有潛力的員工。

趙亮升任銷售經理之後，李響問過趙亮：「你不會從一開始就知道他是董事長吧？不然怎麼就你幹活起勁呢？」

趙亮笑著回答：「我怎麼可能知道他是董事長？做好工作是我的職責所在啊！不過呢，我看他經常背著手走來走去，就知道他是一個成熟老練、信心十足的人。這樣的人，通常都能做出一番成就。」

聽了趙亮的話之後，李響若有所思地點了點頭。

李響對新經理的形象頗為不滿，便對工作敷衍了事，「當一天和尚撞一天鐘」。同事趙亮則與他不同，認認真真地完成新經理交代的所有任務。最終的結果顯而易見，趙亮贏得了信任和認可，成功地升職。趙亮之所以能夠得到這個機會，是因為他沒有像李響一樣僅憑外表便對新經理做出錯誤的判斷，而是將關注點放在了新經理常常背手走路這一特點上。發現了背手這一動作蘊含的自信與力量，便自然而然地對新經理充滿了信任和崇敬。

我們都知道，在走路的過程中，雙手的擺動可以起到良好的平衡作用，使得身體保持穩定。而將手背在身後行走，顯然會增加摔倒的可能性。不懼摔倒而選擇將手背在身後，這一頗具特點的身體語言就已經表明這個人對自己具有十足的信心，對於可能發生的情況也有一定的預見性，這樣的舉動，無疑會讓別人產生信賴感。

自我檢查

- ☑ 走路時，我是不是從來不敢將手背在身後，唯恐不慎摔倒？
- ☑ 看到將手背在身後的人，我是覺得他很傲慢還是很自信？

神奇手勢，引導思路更帶動情緒

不同的手勢，代表著不同的含義，能夠表達不同的思想和觀點。想要透過身體語言給人留下深刻的印象，用對手勢是非常重要的一環。

有一位名叫大衛．麥克尼爾*的美國人，因研究手勢語言而聞名。他是芝加哥大學的博士，從一九八〇年開始便在研究手勢語言上投入了極大精力，歷經漫長的研究和總結之後，他得出一個結論：手勢語言有助於講話者更好地理清講話的思路。另外，麥克尼爾博士還發現，經過訓練或信心十足的講話者往往更善於運用手勢，因為這樣有利於他們更清晰、更完整地表達自己的觀點。所謂手勢語，就是透過手的活動來傳遞資訊。手勢語是身體語言的重要組成部分，具有多種多樣的表現方式，能夠表達非常豐富的內容。對於我們來說，這是一種很好的表現自己的載體。

古羅馬演說家西塞羅認為：所有的心理活動都伴隨著手部的動作，即便是最野蠻的人，也能夠理解這種語言。具體來說，手勢語可以分為實指和虛指兩類。使用實指手勢的時候，說話人的手勢確實有所指示，指向往往和講話內容有關，如手指相關的人或物等；使用虛指手勢的時候，說話的人並沒有具體的指向，手勢只是為了表現某種情緒或感情。

美國前總統老布希是一個非常善於運用手勢來表達自己的觀點的人，從某種程度上甚至可以說，手勢語為他贏得總統競選立下了汗馬功勞。

剛開始，老布希的演講水準不是很高，而且手勢生硬、單調，演講整體上給人的感覺是僵硬而乏味的，民眾對他的演講和競選宣傳並沒有很大的興趣。所以，在競選的初始階段，老布希的支持率並不是很高。鑒於這種情況，公關專家建議老布希提高自己的演講水準，而且要在手勢的運用上投入更多的精力。

老布希採納了專家的建議，對演講和手勢語都進行了一些改進。在此後的演講中，他的手勢變得靈活、豐富起來，很好地帶動了民眾的情緒，受到了民眾的歡迎。

* David McNeill，美國作家、心理學家，曾在芝加哥大學主導以其姓氏為名的實驗室，鑽研手勢與演講研究長達二十餘年。

手勢的改變，雖然看似細微，但是民眾從中得到的資訊是不一樣的，他們不僅從中感受到了老布希的親和力、感染力，還看到了老布希願意改變自己的堅定信念。種種因素疊加在一起，老布希終於成功地贏得了總統競選。

在諸多的身體語言中，手勢是使用頻率最高的一種，它給人帶來的視覺感受也最強烈。如果可以準確而恰當地運用手勢，不僅能牢牢吸引對方的注意力，還能給對方留下更加深刻的印象。那麼，在運用手勢時有哪些基本的要求呢？

1.手勢應靈活而自然

做手勢的目的是傳遞資訊，應該是源自內心深處的真情，而非刻意的矯揉造作。如果你只是為了做手勢而做手勢，那就有些本末倒置，其效果自然也是適得其反。

2.手勢應簡單明瞭

簡單明瞭的手勢更容易讓對方理解和接受，能夠幫助對方以最快的速度理解你所說的內容。如果手勢過於複雜模糊，就會讓對方感到疑惑，進而對你所說的話感到厭煩。

3.手勢應與講話內容一致

手勢是多種多樣的，有很多表現的形式，但是無論如何運用，其目的都是一樣的，那就是幫助對方更好地理解你所說的內容。由此不難看出，只有手勢和講話內容一致，才能達到這一根本目的。

4.手勢應與身體協調一致

有一點需要牢牢記住，那就是手是身體的一個組成部分，只有和身體協調一致的時候，手勢才能發揮最大、最佳的效果，展現身體語言的巨大魅力。

總而言之，手勢是溝通過程中的重要組成部分，只有正確、恰當地運用手勢，才能讓溝通變得生動活潑、妙趣橫生。透過語言和手勢的絕妙配合，你不僅能更好地展現自己的思想，還能讓對方體驗到形象和語言的雙重享受。

自我檢查

☑ 說話的時候，我會常常使用手勢作為輔助手段嗎？

☑ 與人溝通時，我會恰當地運用手勢還是隨意地運用手勢？

巧用肢體接觸，傳遞善意的信號

在生活中，我們總會在不經意間做出一些小動作。這種不經意的動作，恰恰是某種潛意識的體現，能夠更真實地反映我們的內心世界。

與別人交流的過程中，我們有時會不經意地做出一些小動作，如摸鼻子、揉耳朵等。這些動作會在不知不覺間做出來，很難刻意隱藏起來。實際上，一些表示友好、傳遞善意的動作，根本不須隱藏，因為它們是真情的流露，能讓對方感受到善意。對於這類動作，我們非但不該隱藏，還應該在人際交往中多加利用，以此來表現我們的友好，增加對方對我們的好感。如擁抱、拍肩膀之類的小動作，就能起到這樣的作用。

很多女士和閨蜜一起逛街時，往往喜歡手牽著手，即是一種表示友好的信號；看到乖巧可愛的孩子，很多人都喜歡撫摸孩子的頭，這也有助於增加親切感。同樣的，與陌生人接觸卻不知如何稱呼對方時，輕輕拍拍他的肩膀，便能將你的善意傳遞給他。

孫萌從大學畢業後，順利找到了一份經理助理的工作。參加工作之初，孫萌很想好好表現，接到經理交代的任務之後，她總想以最快的速度完成。可是她畢竟剛入職，對辦公設備和各部門負責人都不是很熟悉，所以難免犯一些錯誤。

對於這種情況，孫萌十分焦急，但是越著急就越做不好事情。有一次，經理急著要用文件，可是孫萌總是用不好影印機，嘗試了幾次都沒成功。這個時候，已經有好幾個同事在孫萌身後等著，想要複印東西。眼見自己影響了同事們的工作，孫萌越來越著急。雖然同事們對孫萌充滿理解，但是她心裡非常難受。

眼見孫萌有些手足無措，後面的同事伸出了援手。在同事的幫助下，孫萌終於複印好了所需的文件，她一邊向同事表達歉意，一邊拿起文件準備給經理送去。沒想到，她沒有把文件整理好，拿起來的時候文件散落了一地。這下，孫萌更加窘迫了，她蹲下去撿拾地上的文件時，眼淚已經忍不住地在眼眶中打轉。等調整好情緒站起身來的時候，孫萌才發現經理正站在自己的面前。經理並沒有責備孫萌，而是輕輕地拍著她的肩膀說：「慢慢來，不著急，我相信你肯定能做好的！」

聽完經理的話之後，孫萌心中充滿了力量。她堅持不懈地努力，終於成了一名優秀的經理助理。

作為一名職場新人，孫萌難免出現失誤，在她為自己的失誤而倍感羞愧時，同事們非但沒有責怪她，反而給予她充分的理解和及時的幫助。經理則用一個輕拍肩膀的動作，表達了他對孫萌的信任。正是這個小小的肢體動作，讓孫萌感受到了信任，並在這種信任的推動下從職場新人變成了優秀的經理助理。

在交際活動中，輕拍肩膀這個動作具有相當重要和現實的意義。面對不太熟悉的人，過於熱情的肢體動作會讓人覺得浮誇和做作，而輕拍肩膀這個動作雖然微小，但是正好可以恰如其分地表達我們的友好和善意。可以說，無論我們面對的是陌生人還是好朋友，都能用輕拍肩膀這個動作來傳達我們那滿滿的善意，進而透過善意來贏得對方的認可，給對方留下深刻的印象。

自我檢查

- ☑ 與陌生人初次見面的時候，我是不是從來不敢做相應的肢體動作？
- ☑ 當我犯錯誤的時候，即便別人不責怪我，我是不是也會陷入深深的自責中，以至於給別人留下不好的印象？

主動斟酒的人，更有深交的價值

在交際活動中，喝酒是一種十分常見的社交方式，而酒桌上的表現通常能夠反映一個人的心理。主動幫人斟酒的人，往往能夠贏得別人的好感。

現代社會，交際活動已經成為人們生活中的重要組成部分，無論是公司聚會，還是同學相邀，遇到一起吃飯的情況都在所難免。在餐桌上，每一個小動作別人都可以看在眼裡，並由此對我們產生深刻的第一印象。

所謂「無酒不成席」，對很多人來說，喝酒不僅僅是為了享受微醺的感覺，更是為了加強溝通效果，增加彼此之間的感情。儘管有些人並不接受也不認可「酒桌文化」，但是一個人在酒桌上的表現，確實能夠真實地反映其內心世界。

在酒桌上，能夠看到人們各種各樣的表現：有些人沉默不語，有些人高談闊論；有些人低頭猛吃，有些人先為別人布菜；有些人自斟自飲，有些人主動為別人斟酒……

諸多表現，難以盡述。然而無論何種表現，都有其潛臺詞。現在，放下諸多表現不說，單論斟酒這一舉動。

1.主動幫別人斟酒

在酒桌上，懂得在恰當的時機為別人斟酒的人，往往是非常機靈且善於處事的人，他們知道在什麼時機，以什麼理由為別人斟酒。微反應專家經過研究發現，主動給別人斟酒的人，通常有兩種心理：一是比較懂得關心和照顧別人，將別人放在比自己更重要的位置上；二是不想因喝醉而失去理性，說出一些傷害別人的話。

在有些人看來，第二種心理或許有些虛偽做作，但是從實際情況來看，第一種心理其實占據較大的比例，很多人是出於尊重才主動為別人斟酒。即便從第二種心理的角度來看，其實也能發現這類人的一個優點，那就是冷靜。在事情發生之前就提前做出預案，這種人的思維方式也是值得稱道的。

2.等著別人給自己斟酒

只知道等著別人給自己斟酒的人，是典型的以自我為中心的類型。無論是思想上還是行為上，這類人都以滿足自己的欲望為第一選擇。他們希望身邊的人能夠照顧自己，卻又不願意對別人付出關心。在酒桌上，他們想的不是如何增進彼此之間的感情，改善自己的人際關係，而是想著只要自己開心就可以了。

3. 自斟自飲

還有一類人，他們既不給別人斟酒，也不等著別人斟酒，而是喜歡自斟自飲。這類人具有較強的個性，不喜歡別人對自己指手畫腳，很討厭自己的計畫被別人打亂。

不僅斟酒這一舉動能夠體現一個人的心理動態，對不同類型的酒的偏好，也能反映一個人的個性和特點。

1. 偏愛中式燒酒*

這類人通常喜歡社交，且樂善好施；他們有非常溫厚的一面，非常在意別人的感受，一旦受到別人的吹捧，往往難以拒絕對方提出的請求；他們願意為認同自己的人付出一切，即便遭遇失敗，也不輕易服輸。

---

* 即中式的蒸餾酒，如高粱酒、白乾、茅台、五糧液等。

2. 偏愛啤酒

這類人在社交場合很受歡迎，和所有人都能聊得來；他們很喜歡取悅別人，很輕鬆就能贏得別人的好感；他們平時給人的感覺稍顯冷漠，可如果真的有事，就能看到他們的體貼之心；對於金錢，他們並沒有太多概念，不是非常看重。

在酒桌上，透過一個人的某些表現就能看透他的內心世界。對於我們來說，應該時刻注意自己的一舉一動。尤其是在喝酒的時候，一定要主動為別人斟酒。這是一種禮節，更是一種尊重，能夠體現出我們的修養和為人，可以為我們的第一印象加分。

對於不喝酒的人來說，酒桌文化與他們似乎無緣。其實不然，喝飲料或者茶水，和喝酒是一樣的道理。主動一點，先人後己，這樣的舉動顯然會贏得別人更多的好感。

自我檢查

- ☑ 我從來不喝酒，所以我對酒桌文化沒有任何興趣嗎？
- ☑ 喝酒的時候，我會不會因為擔心別人覺得我特別能喝，而從來不主動斟酒？

三種步態，走出自信風采

人的精神狀態會透過身體的姿態反映出來。走路矯健的人，通常會給人一種積極向上的感覺，進而給人留下良好的印象。

說起走路姿態和第一印象的關係，相信很多人都無法進行準確的描述，甚至很多人覺得走路姿態與第一印象並沒有什麼直接關聯，因為大部分溝通都不是邊走邊進行的。如果你也有這樣的想法，那就大錯特錯了。

要知道，走路姿態是身體語言的重要組成部分，無論它在溝通過程中占據多少份額，總有展現的機會。也許在整個過程中，你只需要走幾步，但就是這短短的幾步，就已經傳遞出了相應的資訊，使別人對你產生了或好或壞的第一印象。

孫磊是一個培訓師，雖然他的知識體系完整，個人閱歷也很豐富，但是從培訓效果來看，學員們對他並不是十分滿意，經理也覺得他總是無精打采。

對於這種情況，孫磊覺得十分無奈和困惑。他覺得自己已經竭盡全力，可是現實讓他有些難以接受甚至心灰意冷。

有一次，孫磊到外地參加一個交流會，與同行進行交流和切磋。湊巧的是，與會者中有一個他熟識的朋友。經過一番交流，他知道這位朋友的成就已經遠超自己，於是，他向朋友請教：「每次給人做培訓之前，我都精心準備，在培訓的過程中也是精神抖擻，十分投入，為什麼效果總是不理想呢？」

朋友回答：「其實精神狀態不僅體現在說話方式和手勢上，你的走路姿態也會有所反映。剛剛你上前準備講話的時候，並不是昂首闊步，而是腳拖地。也許這只是你的個人習慣，但是給我留下的第一印象就是無精打采、垂頭喪氣，看到你這樣的表現，對你的講話自然而然就沒什麼興趣。或許你平常並沒有注意，但是你這樣的走路姿態確實對你的形象產生了不好的影響。」

聽完朋友這些發自肺腑的話，孫磊恍然大悟。在這之前，他從沒想過走路的姿態會對他產生如此消極的影響，原來走路的姿態才是自己不受歡迎的罪魁禍首。在這之後，孫磊開始刻意糾正自己的走路姿態，隨著走路姿態變得越來越矯健，他的培訓課程也越來越受歡迎。

孫磊的知識儲備和能力都沒有問題，對他的事業造成影響的，其實是他忽視了走路姿態這一身體語言。在認識到問題的根源之後，孫磊開始糾正自己的走路姿態，在逐漸改進的過程中，他的事業也有了巨大的突破和發展。

一般而言，常見的走路姿態有以下幾種類型：

走路類型	走路姿態
穩健型	走路時，昂首挺胸，腳步穩健，步伐相對緩慢而且步幅比較大。這種走姿會給人留下穩健、愉悅、自信的印象。
輕鬆型	走路時，上身挺直，兩臂自然擺動，步伐不緊不慢而且步幅適中。這種走姿會給人留下輕鬆自如、心態平和的印象。
莊重型	走路時，上身挺直，兩臂很有節奏感地擺動，步伐和步幅都比較適中。這種走姿會給人留下莊重、熱忱、懂禮貌的印象。

不同的走路姿態可以表現不同的心理狀態。雖然我們有時並不是非常在意，但是別人會從中看出一些潛在的資訊，並根據這一資訊形成最初的印象。在走路的時候，應該表現得如風一般矯健有力，爭取給對方留下良好的第一印象，為自己的個人形象加分。

自我檢查

- ☑ 在一般情況下，我是不是習慣於低著頭行走，而自己根本沒有在意？
- ☑ 我是不是因為喜歡輕鬆自在一些，所以走路的時候非常隨意，想怎麼走路就怎麼走路？

CHAPTER 4

天生麗質難自棄！被忽視的性別魅力

在第一印象形成的過程中，性別的差異會造成不同的影響。這是因為，男性和女性給人留下的固有印象本就不同，可以說性別本身就代表著某種特性。然而，很多人並沒有將性別放在應該重視的位置，有些人甚至覺得性別給自己塑造形象帶來了困擾，這顯然是非常荒謬的。

展現性別魅力，互動技巧最關鍵

很多人並不知道如何發揮性別魅力的作用，有些人甚至會莫名地感覺性別會讓自己處於劣勢地位，這種觀念應該及早改變。

毫不誇張地說，性別魅力是第一印象的重要的組成部分，它會為你所塑造的第一印象增加天然的吸引力。換句話說，如果你絲毫沒有性別魅力，即使你表現得和藹可親、詼諧幽默，你和對方的溝通也難以精彩。

這裡所說的性別魅力，絕對不是指性感那麼簡單，也不是說你要衣著暴露或是展現肌肉。通常來說，越具有性別魅力的人，越不會輕易讓自己徹底暴露。

但凡有一定社交經驗的人都知道，在選擇交往對象的時候，我們並不會僅僅透過外表去判斷一個人。儘管外表是我們做出選擇的標準之一，但是我們還會綜合考量個人魅力。將各種因素進行有效整合之後，我們才會做出最終的判斷。也許需要考慮的因素有些多，但是我們有足夠的時間和能力去做出最佳的選擇。這一點毋庸置疑。

有些人或許覺得自己擁有十足的性別魅力，有些人卻覺得自己性別魅力不足，無論是哪種情況，其實最終掌控這一切的都是你自己。你可以盡全力展現自己的性別魅力，讓與你相處的人感覺輕鬆自在，在你願意的前提下，促使兩人的關係發展到更高的層次——建立更親密的朋友關係，或者成為情侶，這些都可以在一定的條件下實現。

當你能夠展現自己的性別魅力時，對方會更願意與你進行深入的溝通，更願意瞭解你，更願意和你保持親密的關係。同樣的道理，如果你不想和對方進行深入交流，也可以對這段關係加以限制，只要你能克制自己不去展現性別魅力，那你就能輕鬆達到目的。

當然，在不同的場合中，表現性別魅力的方式和手段也要有所不同，而且要根據不同的情況表現出不同程度的性別魅力。

在初次見面的時候，通常以介紹為主，所以交談的時間會十分短暫。即便如此，你也可以抓住每一個機會向對方展現自己的性別魅力。要知道，你需要展現的只是自己健康而自然的一面，所以並不需要花費很多的時間。

性別魅力包含諸多內容，如吸引力、自信心、包容度等。也許你無法在短時間內將所有的內容一一呈現在對方面前，但是只要能夠抓住對方關注的重點，並透過這一關鍵點來展現自己，那麼就能起到相應的效果，對方就會被你深深吸引。

對第一印象而言，性別魅力是不可或缺的組成部分，好好利用這一點，將會為第一印象添上濃墨重彩的一筆。無論你是誰，無論你如何看待自己，只要瞭解並知道如何發揮性別的巨大魅力，你就能成為一個受人歡迎的人。

自我檢查

☑ 無論身處怎樣的環境，我是否總能展現自己的性別魅力？

☑ 無論是面對同性還是異性，我能不能做到始終如一地表現自己？

三種互動模式，魅力收放自如

一般來說，人們會在某些場合、某些情況下展現自己的性別魅力，但是這種展現並非毫無節制，而且有不同的展現方式。

在一般情況下，絕大多數人都不會毫無節制地展現自己的性別魅力，而會根據不同的情況做出相應的判斷，以決定自己應該如何展現或是展現多少性別魅力。

無論你的性別是什麼，對待性別的態度是怎樣的，你的性別魅力都是你的組成部分，是你對自己的接受和認可程度。無論在什麼場合中，你身邊的人總會希望你展現出一定的性別魅力。即便是在十分嚴肅的場合，我們也會發現一些人展現出性別魅力，只是我們的注意力並不在此，於是沒有做出回應罷了。

在別人展現性別魅力的時候，假如你能做出一點回應，哪怕只是一個肯定的眼神，那麼對方也可能因此對你產生好感，雖然有的時候連對方都不知道為什麼會產生這樣的感覺。也許這樣的結果出乎你的意料，但這是事實。

反過來，如果你沒有絲毫回應，那麼對方很可能覺得你不願意與之進行交流，即便你本意並非如此，對方也會因為你的表現而否定你。至於對方會做出何種程度的否定，則取決於實際情況——不同的人或不同的場合會有不同的結果。

那麼，在初次見面的時候，展現性別魅力的方式有哪幾種呢？

1. 積極主動

這類人會積極主動地與人交流，而且喜歡談論自己的喜好、興趣等。在他們感興趣的話題上，他們願意花費更多的時間，並且總是滔滔不絕。

李磊十分喜愛健身，於是在交流的過程中總是主動談論與健身相關的內容，而且會不自覺地將對方的注意力引到自己的身上。在李磊看來，這是一種炫耀肌肉的方式。

2. 消極被動

這類人習慣於壓抑自己，給人畏縮不前的感覺。雖然這種態度看起來十分安全，但是會讓別人感覺非常不自在。

湯米是一個富有魅力的男性，而且善於社交，在與米娜約會的時候，他總能讓米娜暢所欲言。可是，米娜總覺得他們倆不像情侶，而像關係親密的朋友。因為在某些時候湯米總是表現得畏縮不前，好像是在盡力克制性別魅力的自然流露。從心理學的角度來說，湯米壓抑自己的行為會讓米娜感覺他沒有完全投入，並不是真的想要與她談戀愛。

消極被動的人會讓溝通對象覺得毫無吸引力，而這是溝通不暢的最終原因。也就是說，過分壓抑性別魅力的做法會對人際關係產生一定的限制。

3. 輕鬆幽默

這類人喜歡以幽默詼諧的方式來展現自己，通常會流露出輕鬆愜意、享受生活的態度。而且這種方式需要互相打趣，才能得到最好的效果。

珍妮和卡特第一次約會時，珍妮就拿卡特的衣服開了個有趣的玩笑，而卡特也拿珍妮遲到的事情逗樂，兩人相視而笑，彼此心生好感。兩人在之後相處的過程中，不但常開對方的玩笑，且經常自嘲。這種幽默的相處方式，讓兩個人的關係越來越緊密。

適當展現自己的幽默，能夠讓溝通對象感受到輕鬆和愉快，會讓溝通變得更加順暢。

通常來說，在第一次見面的時候，應該根據談話對象和談話場合來適度調整展現性別魅力的方式及程度，只有適當、適度，才能讓對方感覺自在、舒服。如果你能先判斷出對方展示性別魅力的程度，然後盡量調整自己去適應對方，那你就可以傳遞出積極的信號，讓對方覺得你是一個極易相處的人。

自我檢查

- 我是一個喜歡以何種方式展現性別魅力的人？
- 當別人展現自己的性別魅力時，我通常會做出怎樣的回應？

表現「欣賞」之情，誰都會喜歡你

性別魅力的展現方式是多種多樣的，不僅體現在身材、服裝等方面，還體現在對別人的欣賞程度和方式上。

當你想要展現自己的性別魅力時，你的關注點有可能會放在身材和服裝上，但是性別魅力並不單單是身體上的美。即便擁有超模般的身材和天使般的面龐，如果你對別人漠不關心或是愛搭不理，那麼你在別人的眼中可能也沒有什麼吸引力。

展現性別魅力的方式多種多樣，其中最重要的一種方式就是你對別人的欣賞。它是性別魅力的重要組成部分，卻時常被我們忽視。無論是透過目光的交流、身體的接觸，還是極富吸引力的表達方式，你都能透過回應來表示自己的欣賞之情。

對別人的友好給予積極的回應，會讓別人覺得自己受到了重視，由此在心理上得到某種滿足。比如，別人對你微笑的時候，如果你也報以微笑或是向對方眨眨眼，對方便會感覺自己受到了關注，覺得自己是與眾不同的存在。這種回應使對方願意和你相處，並和你建立起更加緊密的關係。

琳達正走在上班的路上，迎面走過來一位極具魅力的男士。他們的目光發生了碰撞，然後男士很快將視線移開了。但是琳達依然關注著男士，她的視線依然停留在男士的身上。這種關注持續了幾秒鐘，男士透過餘光發現了這種關注。於是，在兩個人擦肩而過的時候，男士對琳達報以微笑。

短暫的目光交流過程，其實就是琳達和男士的心靈交流過程。琳達的關注是一種示好的方式，而男士的微笑則表現出他對琳達的欣賞。這種互相欣賞，讓二人充分展現自己的性別魅力，也感受到了對方的性別魅力。

性別魅力與你對別人的回應有著非常密切的關係，它能告訴別人你覺得他們充滿魅力。雖然有的時候你只是做了一點微妙的暗示，但是這就已經透露出了你對別人的欣賞。就算別人沒有對你的暗示做出回應，你也已經成功地讓他們產生了良好的自我感覺，並因此對你產生了良好的印象。

當你向別人展示自己的欣賞和關注時，並不意味著你想要進一步發展彼此之間的關係，也不一定說明你對對方有戀愛的需求。這不過是一種表現自己的方式而已，那短短的一瞬間，是完全屬於你們兩個人的，沒有人能夠打擾。

假如在初次見面時，你確實被對方深深吸引了，想要和對方有進一步的發展，又該如何表示自己的欣賞或關注呢？對於大部分人來說，恰當而舒適的做法會讓人更加容易接受。具體的做法是進行更長時間的目光交流、更親密的肢體接觸等。

自我檢查

☑ 面對陌生的異性，我能恰當地表示自己的欣賞之情嗎？

☑ 展現性別魅力的方式中，我最喜歡哪一種？

異性相吸，腦內微妙的化學反應

被異性吸引，這是因為身體受到某種自然刺激，是非常正常的反應。

異性相吸是一種非常自然的反應，如果在社交活動中能夠巧妙地運用異性之間的這種微妙關係，處理起事情來將會更加順利和省心。

人們常說的「男女搭配，幹活不累」，其實就是一種異性相吸的典型表現。對於異性，人們總是懷抱著一種好奇心，很希望能和異性有更多的交流機會。某些心理學家則是將異性相吸看作是一種化學反應*，認為它是身體受到視覺、聽覺、嗅覺等自然刺激而產生的。

與異性接觸的時候，當對方的形象與我們事先設定的形象相符時，我們便會受到對方的吸引。但是，這種吸引並不是恒久不變的，而是會因為外界因素的影響產生某種變化。

有一位心理學家做過一個實驗，用來檢驗異性相吸的心理效應：實驗員將兩張男性的照片放在一位女性參與者面前，讓她從中選出比較感興趣的一個，並讓她說明選中的這個人在相貌上占據了多大優勢。經過這輪選擇後，實驗員又讓這位女性觀看了一個幻燈片，幻燈片中出現的男性的照片與第一輪中的是一樣的，區別在於其中一位男性被一位女性面帶微笑地看著，而另一位男性則被一位女性木然地看著。看完幻燈片之後，實驗員重複進行第一輪實驗，讓這位女性再次在兩張照片中進行選擇。

在多名女性先後完成這一實驗之後，這位心理學家得出結論：女性看過幻燈片之後，更容易被其他女性微笑以對的男性吸引。

由此可以看出，異性之間的吸引力也會因外界因素產生變化。那些被公認為優秀

* 瑞典斯德哥爾摩卡洛琳斯卡研究中心的研究發現，男性在聞到女性費洛蒙時，腦內的下視丘會出現血流量增加的反應；反之亦然。

的異性，更有可能成為大家首選的目標。一旦你給某個異性留下了深刻而美好的印象，那麼其他異性也有可能受到這種美好印象的影響，對你產生更多的好感。

異性相吸的原理會對我們留下良好的第一印象有幫助，但是也不能無限制地利用這一原理。正所謂過猶不及，只有掌握好其中的度，才有可能得到最佳的效果。

自我檢查

- ☑ 面對異性的時候，我能不能完美地展現自己的優點？
- ☑ 和陌生人交往的時候，是不是異性更能吸引我的注意力？

四種方法，正確傳達你的愛意

對於很多人來說，向異性示愛並不是一件簡單的事情，畢竟這其中涉及很多因素，並不是總能如願以償。

社會心理學家經過研究發現，男人和女人在相見的最初幾秒鐘之內，就會對對方做出初步評價。所以說，想要給對方留下好印象，一定要抓住這短暫的幾秒鐘。尤其是在追求異性時，更要好好利用這短暫的時間，給對方留下良好的第一印象。

第一次和異性說話的時候，你有沒有口吃的情況？當一位魅力十足的異性站在你的面前時，你的心跳是不是幾乎要停止了？你是不是很想說一些有趣的話題，但是一開口就讓人感覺厭煩？這些困擾並不是只有你才有，很多人都有相似的問題。常常聽到一些年輕的男性說：「我沒有經驗，不知道怎麼去表白。」由於這個原因，他們便不敢追求愛情。實際上，完全沒有經驗並不代表與異性沒有接觸的機會，緣分說不定什麼時候就來了。

按照社會心理學家的分析，人們心中的恐懼其實來源於對陌生人的害怕，尤其是在與陌生人交流的時候，這種恐懼更讓人難以抵抗，甚至會讓我們連招呼都打不了。

那些沒有經驗的人並非沒有魅力，只是因為他們不懂得如何表達愛意，所以才會出現種種窘況。凡事都有先後順序，求愛也應當循序漸進，先與異性成為朋友，再逐步發展為愛人，這種方式相對更好一些。

實際上，身體語言及其他行為都在示愛的過程中扮演著重要的角色。每時每刻，你都在用不同的方式傳遞著資訊，無論你是否意識到這一點，它都是真實存在的。

1.穿著對方喜歡的服飾

每天穿對方喜歡的服裝並不是一種立刻就能見效的方法，但是日積月累，將會讓他對你產生好感。對方喜歡什麼顏色，你不妨穿什麼顏色的衣服，以此讓對方感覺你在穿衣上很有品味。這樣一來，就能提高對方對你的關注度。當然，你也要考慮自己的風格，這樣才不會讓對方覺得你是在刻意迎合他。面對自己中意的人，如果你穿著隨便，對方就會像你不關心衣著一樣不關心你。你如果能配合對方的喜好，就能將好感傳達到對方的潛意識中。

2.微笑著面對對方

微笑容易讓對方產生好感，會讓對方更容易接受你。微笑著注視對方的眼睛，會讓他放鬆心情。只不過，微笑時不該表現出別有目的的樣子，以免讓對方覺得厭煩。可以說，笑容是向對方表示好感的最佳招牌，當你對對方微笑時，他也會給你一個微笑。這樣一來，對方就會敞開心扉，你就可以進一步走進他的內心世界。

3.展現與眾不同的氣質

在溝通的過程中，你可以透過各種不同的手段和方式來展現自己良好的氣質，以此引起對方的關注，使彼此的關係更親密。比如：選擇一個好的開場白，在溝通剛開始時就展現出自己的魅力；在比較喧鬧的場合，可以小聲耳語，能表現得更加親密；在溝通中，可以提一些開放式的問題，讓對方多說一些，自己則做一個忠實的聽眾。在不同的情況下，都有適當的方式來展現自己的氣質，這會增加個人魅力。

4.態度正面且適時發言

與對方溝通時，你一定要從正面的角度表達觀點，讓對方從心底裡感覺自在。而且，即便是讚揚，也要選擇合適的角度，要知道並不是所有的讚美都讓人受用。此外，製造浪漫氣氛、送有意義的禮物等，都是表達愛意的好方法。在說話的時候，還要選擇恰當的時機，在對方開心的時候表達愛意，明顯要比在對方心情不佳的時候表達愛意效果更佳。

人和人之間，心理距離的遠近將會決定關係的親疏。想要給示愛對象留下好印象，最好的辦法就是走進對方的心裡，拉近彼此之間的距離，只要想方設法做到這一點，不管是哪種示愛方式，都會讓對方心生溫暖，兩個人的關係也會逐漸變得親密起來。

自我檢查

☑ 面對自己喜歡的人，我是不是總會語無倫次？

☑ 我想向喜歡的人示愛時，會不會苦於不知如何表達？

接受不了自己，別奢望吸引他人

面對陌生人，有些人甚至無法進行最簡單的表達。他們感覺自卑、憂慮，進而否定自己。可是，如果連自己都接受不了，還怎麼去吸引別人呢？

在很多人的內心深處，都有自卑情緒的存在。由於對自己不自信，我們不敢與人交流，尤其是在與異性交往的時候，這種自卑感往往會表現得更加明顯。殊不知，越是自卑，就越接受不了自己，也就越難以對別人產生足夠的吸引力。

想要和陌生人結識，甚至是讓對方接受我們，首先要做到的就是接受自己。所謂接受自己，就是要坦然地接受自己的一切，無論是好的方面還是不好的方面，無論是優勢還是劣勢，都要以欣然而積極的態度去接受、去面對。

從某種意義上說，接受自己是與陌生人進行溝通的前提。假如我們不敢面對真實的自己，不敢正視自己的問題，那又怎麼能奢望別人接受我們呢？退一萬步講，即便陌生人在不瞭解我們的情況下接受了我們，可是如果我們無法接受自己，長期受到不良情緒的影響，我們終究無法贏得對方長期的認可。

有一位年輕的女士因為失戀而遭受重大打擊，不得不去尋求心理醫生的幫助。

第一次和心理醫生見面的時候，她就失聲痛哭：「我實在太矮了，長得也不好看，好不容易在網上找到一個男朋友，他跟我見面之後立刻就跟我分手了。」女士說得一點不假，她只有一百五十公分出頭，皮膚黝黑，身形瘦小，遠遠看去就像個初中生。但是，一旦走到她的身邊，看到她那張歷經滄桑的臉，就知道她飽受生活的磨難。

心理醫生發現她心態方面的問題之後，積極地引導她接受自己：「長相和身高是難以改變的，即使你對它們有所不滿，也只能接受現實。就算你天天抱怨，並因此而苦悶不堪，也於事無補。與其自己折磨自己，倒不如坦然接受這樣的自己，敞開自己的心扉，給別人接近你的機會。只有這樣，你的生命才能充滿更多姿彩，而不是像現在這樣被陰霾遮擋。」

經過心理醫生的幾次輔導之後，女士的心態逐漸發生了變化，嘗試著接受自己，並開始試著結交朋友。隨著治療的不斷深入，女士的臉上越來越多地展現出笑容，說話的聲音也越來越大。與陌生人溝通的時候，她變得越來越有自信。她曾經深感自卑的身高和長相，如今不再是溝通的障礙，因為她的人格魅力已經足夠吸引人。

慢慢地，這位女士變成了交際場上的明星。不管面對多少陌生人，她都不再恐懼和擔憂。這一切，都歸功於她勇敢地接納了自己。

所謂「天生我材必有用」，任何人都有其獨特的價值和存在的意義。也許某些方面達不到自己的要求，也遠不如身邊的人，但它們同樣是一個人整體的一部分。「人無完人」並非空話，而是不容置疑的事實。接受自己，才能欣賞自己，欣賞自己，別人才會欣賞你。想要與陌生人結識，甚至是讓陌生人變成自己的朋友，就要從內心深處接受自己。唯有如此，我們才能擺脫恐懼，遠離自卑，以自信滿滿的姿態出現在別人面前，進而用人格魅力去打動他們，贏得他們的好感。

自我檢查

- ☑ 在社交場合中，我常常因為長相不佳而不敢與人說話嗎？
- ☑ 有時候，即便一件不起眼的小事也會讓我覺得自卑嗎？

CHAPTER

5

內外要兼修！完美形象來自好修養

在交往過程中，人們首先注意到的往往是別人的造型裝扮、容貌身材等，因為這是一眼就能看到的東西。但優秀的外表並不能代表一個人的真實面目，畢竟「金玉其外，敗絮其中」的事情也時有發生。所以說，想要給別人留下良好的第一印象，不僅要關注外在，更要關注個人的修養。

提高知識儲備，博學更受歡迎

從古至今，博學者都令人深感敬佩，如老子、孔子之類的大家，至今仍被人們銘記，他們的著作和學說始終被視作經典，深受人們喜愛。

一個人的形象與多種因素都有密切的關係。影響第一印象形成的因素，除了有心理、造型、身體語言等，個人修養也是極為重要的因素之一。

個人修養的高低是一個人綜合素質的體現，而知識儲備是其中一個非常重要的組成部分。而且相對於其他部分而言，知識的積累需要一個更加漫長的過程。正是因為掌握知識需要花費較多的時間和精力，所以知識淵博的人往往受人尊重。

相信很多人小時候都有一個美麗的教師夢，希望長大後能像自己的老師一樣睿智。這種美好願望，其實就是我們期盼獲得知識的一種反映。也可以說在我們的內心深處，總會對知識有種莫名的衝動，讓我們總會另眼相看、羨慕那些知識淵博的人。

俄羅斯政治家梅德韋傑夫曾到中國進行訪問，並在北京大學進行精彩的演講。在他的演說詞中，數次引經據典，用以證明自己的觀點：「中國有句古話『長江後浪推前浪，世上新人換舊人』。高等學府培養一代代的學者和思想家，他們肩負在科學、經濟、政治、文化等領域創造新成就的責任。」此外，他還引用了《論語》中的「學而時習之，不亦樂乎」、老子說的「使我介然有知，行於大道，唯施是畏」等名句。

梅德韋傑夫巧妙而準確地引經據典，讓在場的聽眾深感震撼，現場響起了經久不息的掌聲，人們對他的印象也加深了許多。

梅德韋傑夫能夠在演講中引經據典，這讓現場的人在震驚之餘更多的是發自內心地讚歎。他對中國傳統文化的瞭解，已經超出了很多人的預料，他不僅表現出對中國傳統文化的深深喜愛，更傳達出願與中國人民友好相處的美好願望。僅僅透過一次演講，人們對他的印象就會發生非常大的轉變。

當然，這個世界上沒有天生就知識淵博的人，那些能夠做到妙語連珠、字字珠璣的人，並非因為擁有超人的天賦，而是因為他們博覽群書、刻苦學習，日積月累，才擁有了豐富的知識，才能在溝通中展現自己獨特的學識魅力。

只有知識淵博的人，才能在講話中用各種方式來詮釋語言的魅力，對事物蘊含的道理有更加深刻的認知，且能更加準確、得體地表達自己的想法。想要透過對話來提升個人形象，就應該努力學習各方面的知識，讓自己變成一個博學者。

積累知識的途徑各種各樣，而讀書是其中常見的途徑之一。俗話說：「熟讀《唐詩三百首》，不會作詩也會吟。」經過長期的閱讀和積累之後，我們的思維會更加靈活，素養會更加深厚。當知識積累到一定的程度之後，只要交流話題涉及某些方面的內容，我們頭腦中的知識就會像放電影一樣不斷地浮現出來。除了從書本上獲取知識，社會也是我們學習的大課堂。生活中的種種經歷，都值得我們細細品味、思考，進而總結經驗、教訓，透過一次次的鍛煉和學習，逐漸積累知識和經驗。

總之，知識的積累並非一朝一夕的事情，學習的途徑也非單一的，透過不斷學習和總結，我們將逐漸向博學靠近，成為受人歡迎的人。

自我檢查

☑ 對於什麼話題都能聊的人，我是不是充滿敬佩？

☑ 我對自己擅長的知識充滿興趣，對不擅長的卻十分厭煩？

懂得認錯，更能獲得尊重

人這一輩子，難免會犯下錯誤。犯錯不可怕，可怕的是犯了錯誤卻要掩飾。但凡敢於認錯的人，無不胸懷坦蕩，在這種人格魅力面前，錯誤可以忽略不計。

「人非聖賢，孰能無過。」每個人都有缺點，都難免犯一些錯誤。在犯錯的時候，出於自保的心理，很多人並不願意承認錯誤，甚至會出現隱瞞錯誤的情況。實際上，承認錯誤並不是什麼丟人的事。畢竟，一次錯誤並不會毀掉我們的人生，為了一個錯誤而去找各種各樣的藉口，才會讓我們的生活亂套。

美國田納西銀行的前總經理泰瑞說過一句十分有名的話：「承認錯誤是一個人最大的力量源泉，因為正視錯誤的人將得到錯誤以外的東西。」這句話經過總結之後，就成了著名的「泰瑞法則」。

泰瑞法則主要有兩層含義：一是「承認錯誤是一個人最大的力量源泉」；二是「正

視錯誤的人將得到錯誤以外的東西」，如經驗、教訓等。其核心意義是告訴我們，勇於承認錯誤本身就有極大的價值。

新墨西哥州阿布奎基市的布魯斯・哈維在核准員工薪資的時候犯了一個錯誤——給一位請病假的員工發放了全額薪資。

發現這一錯誤之後，哈維及時找到這位員工，並向他解釋必須糾正這個錯誤，所以要在下次發放薪水的時候從中扣除相應的金額。這位員工對此表示理解，但是同時表示一次性扣除的話會給他帶來嚴重的財務問題，所以請求分期扣除多領的薪水。哈維也能體諒這位員工，但是這樣做必須先獲得上級的批准。

「我知道，」哈維說，「這樣做肯定會讓老闆感到不滿。在我思考以何種方式來處理這種狀況更為妥當的時候，我認識到產生這些混亂狀況的原因在於我自己，我必須要在老闆面前承認自己的錯誤。」於是，哈維來到老闆面前，將詳細情況告訴了老闆，並向他承認了自己的錯誤。老闆聽後大發雷霆，先是斥責人事部門和會計部門的疏忽，然後又責怪哈維辦公室的另外兩個同事。在這個過程中，哈維反復解釋說這是自己犯的錯誤，與別人沒有關係。最後，老闆看著他說：「好吧，既然這是你犯的錯誤，那就由你負責解決這個問題吧！」

最終，這個錯誤得到了及時的糾正，並沒有給任何人帶來麻煩。從此以後，老闆更加賞識哈維了。*

敢於承認錯誤並積極改正的態度，讓哈維贏得老闆更多的信賴。從中不難看出，越及時地承認錯誤，就越容易改正和補救。而且，與別人提出批評後再去認錯相比，還能夠得到意外的收穫。願意主動承認錯誤的人，通常能獲得別人的尊重和寬容。

美國馬里蘭州的衛生研究院做過這樣一個實驗：研究者將醫生們在出現失誤時的反應和採取的應對措施錄製下來，之後將這些錄影播放給觀眾看，並調查觀眾對醫生們有何印象。實驗結果表明：那些能夠真誠認錯的醫生，往往會給觀眾留下不錯的印象；對於那些認錯且積極彌補的醫生，觀眾不會跟他們計較太多；對於那些不肯認錯且想方設法為自己開脫的醫生，大部分觀眾更願意選擇以法律的武器來保護自己。

---

* 故事出自於戴爾·卡內基的著作《如何贏取友誼與影響他人》（*How to Win Friends & Influence People*，台灣譯本書名多作《人性的弱點》）。

對於已經出現的錯誤，一味地掩飾、推脫或解釋都毫無意義。這樣做的後果可能是引發更大的錯誤，造成更大的損失。如果一個人為了保全自己的美好形象，而選擇犧牲更大的利益，那就說明這個人沒有責任心。這樣的人註定無法贏得人們的尊重，也無法給人留下良好的印象。

自我檢查

- ☑ 發現自己犯了錯誤，我首先想到的是極力掩飾還是坦率承認？
- ☑ 工作出現問題，我是選擇將責任推卸給別人，還是勇敢承擔自己的責任？

誠實的魔力，讓你贏得對方真心

誠實是一種高尚的品性，總是受人推崇。與誠實的人打交道，人們往往輕鬆自在，所以更願意也更容易敞開心扉。

俗話說得好：「人心要實，火心要虛。」它告誡我們，為人處世的時候一定要謹遵誠實信條。誠實的人往往會獲得更好的人緣，給人留下更好的印象。

從古至今，誠實為人所推崇，因為誠實是一種高尚的品性，體現了對自己、他人和社會負責的態度。人緣的好壞，很大程度上反映出一個人人格的優劣。待人真摯誠懇、實實在在，辦事腳踏實地、不偷奸耍滑，說話有根有據、不以訛傳訛，有問題當面處理、不在背後搞小動作，這樣的人在交際或辦事時，往往能夠贏得別人的好感。

在和誠實的人相處時，千萬不要把誠實的人當成傻子。即便他們當時沒有在意或是沒有反應過來，但是事後總有明白的時候，一旦對方發現自己受到了欺騙，那麼這段情誼也就到了結束的時候。

誠實的人做事總是讓人覺得放心和踏實，因為他們總是實事求是地對待所有事情，即便出了問題，也不會有所隱瞞。這樣的做法，能夠最大限度地彌補錯誤帶來的損失。他們會根據自己的能力去做事，而不會對超出自己能力範圍的事輕易許下諾言，做不到就是做不到。誠實是一個人最好的標識，是一個人社交活動中最有力的保障。一般來說，人們最痛恨的就是被人欺騙。誠實的人，往往能夠贏得更多的友誼；虛偽的人，則會被人拋棄，甚至落得身敗名裂的下場。

用誠實的言行去交換對方的真心，這樣才能得到誠實的回報。有些人因為誠實的品質而獲得了重要的職位，有些人因為誠實的品質而獲得了前所未有的發展機遇。大到國家，小到家庭，誠實的品質無處不在彰顯它的魔力。

二〇〇四年三月，中國長江機械裝備集團公司與歐洲某跨國公司簽訂了一份礦山設備出口合同，價值近千萬元。

在設備裝船起運之後，長江機械裝備集團公司的技術品質管制部門在清倉時突然發現一個問題——裝卸工出現失誤，將一箱不符合規格的螺絲裝上了船。集團老總瞭解這一情況之後，親自帶著一箱標準件前去調換。當他們乘坐快艇趕上貨船並表明來意之後，在場的外國客戶十分感動。因為這件事情，長江機械裝備集團公司一時間名聲大噪，歐洲的許多公司都爭相與他們做生意。恰恰是因為誠實的品行，長江機械裝備集團公司得到了大量的訂單。慢慢地，這家公司在海內外都有了相當大的知名度。

憑藉誠實的行為，長江機械裝備集團公司迅速打開了國外市場，這一點他們自己也許都沒想到，這就是誠實給他們帶來的好處。

與人交往的過程中，一定要做到「言必信，行必果」。只有真誠以待，才能讓對方感受到滿滿的誠意，才會讓對方充滿好感。可以說，誠實是突破對方內心防線的一把利器，對樹立良好的第一印象有著十分積極的意義。

自我檢查

☑ 犯下錯誤的時候，我能不能誠實地向別人表達歉意？

☑ 如果發現一個人不誠實，我還願意和他繼續交流嗎？

虛心請教，卸下心防的絕招

虛心向人請教是一種基本素質，人人都應具備。虛心的態度讓人感覺舒心，會更願意敞開心扉。有了虛心這個利器，你就能輕鬆贏得人心。

孔子說過：「三人行，必有我師焉。」無論身處何種環境，居於何種位置，我們身邊總有值得學習的人。虛心向人請教是每個人都應具備的基本素質，虛心的人往往更受人歡迎。

相信很多人都有這樣的體驗：小時候上學時，最崇拜的就是站在黑板前的老師，總是夢想有朝一日自己也能成為一名老師。雖然小時候的夢想長大未必能夠實現，但是很多人在內心深處依然希望能夠成為別人的老師，為別人「傳道授業解惑」。從這個角度上說，虛心向人求教不僅能夠體現自己的素質，還能滿足別人「為人師」的願望，可謂一舉兩得。也就是說，如果你能在交際的過程中多多請教對方，那麼很容易就能拉近彼此之間的距離，讓雙方的溝通變得順暢起來。

在溝通過程中，嘗試以請教的姿態和對方交談，往往可以滿足對方的尊重需求，也更容易贏得對方的信任。多多運用「我想知道」「請教一下」「我不是很明白，您再跟我說說」之類的話語，通常能夠激起對方的談話欲望，尤其是在對方比較擅長的話題上，效果更加顯著。

鄧肯剛剛搬到一個小鎮上居住，他想買一輛汽車代步，可是在鎮上的二手車行看過之後，他並沒有發現合適的車。雖然有幾輛中意的車，可是在試駕之後，他卻沒有選中任何一輛。

知道鄧肯有二手車的需求，他的同事們便開始替他關注車源。恰好同事布萊克的朋友格林想把車賣了，換一輛新車。於是，布萊克便聯繫鄧肯和格林見面。

見面寒暄之後，格林便對鄧肯說：「聽布萊克說，您想買輛二手車，但是看遍了二手車行都沒有找到合適的。我想您對汽車一定頗有研究，如果有機會的話，還請您給我介紹介紹，我也好學習學習。」

「這個談不上，我只是平時喜歡看些汽車雜誌罷了。」鄧肯說。

「您不用這麼客氣。學習的事以後再說，您先看看我這輛車，試試它的性能，看看能不能讓您滿意。」格林溫和地說。

鄧肯先是檢查了一下汽車的基本狀況，然後坐上去，開車兜了一圈。

「您覺得這車怎麼樣？有什麼讓您不滿意的嗎？」格林在車停穩之後便走上去詢問鄧肯。

「整體還算不錯，沒什麼大的問題。」

「那麼，您覺得花多少錢買這輛車合適呢？」

「四千五百美元吧，這個價格買這輛車還是比較划算的。」

「這樣啊，我本來想賣六千美元，既然您這麼懂車，又是布萊克的同事，那就五千美元。您覺得怎麼樣？」

「行，成交。」

就這樣，這筆生意順利成交了。

在這筆交易中，即便格林真的要價六千美元，鄧肯也會認真考慮一下的。而格林預想中的最高售價是五千美元，如果鄧肯還價，他肯定會做出一定的讓步。然而，格林積極求教的態度，讓鄧肯放鬆了戒備，最終雙方以一個較高的價格成交。

在現實生活中，很多剛剛大學畢業投身職場的年輕人，總認為自己知識淵博，因此覺得沒有必要也不願意向公司的前輩請教。然而，年長的前輩通常喜歡那些向自己請教的人，他們能從請教中感受到尊重。當你將前輩視作老師，積極請教的時候，他們的心情無疑是舒暢的。作為老師，他們必然會對你照顧有加，凡事都會站在你的角度上進行一番思考。

所以說，懂得虛心請教的人，往往更容易贏得人心，更容易得到照顧和幫助。不失禮節地向人求教，將有助於你與他人建立起良好的關係，讓別人對你產生謙虛好學的良好印象。

自我檢查

☑ 剛剛投入新工作的時候，我會虛心向前輩請教嗎？

☑ 在別人向我請教時，我會傾囊相授嗎？

自嘲用得妙，輕鬆實現溝通目標

自嘲是一種幽默的表現，更是一種智慧的體現，它可以展現美好的心靈，為自己塑造良好的形象，提升交際成功的可能性。

所謂自嘲法則，指的是人們面對自己的缺點或短處時，並沒有採取掩飾的手段，而是以開朗、豁達的態度對缺點或短處進行適度的藝術加工，借此給別人留下美好的印象。與陌生人溝通的時候，如果能讓對方多一分好感，那麼溝通成功的可能性就增加了一分。從實現溝通目標、獲得溝通效果的角度來說，偶爾自嘲一下，其實也未嘗不可。

在許多場合中，我們都能借助自嘲法則來表現個人修養。自嘲不僅可以展現我們的優秀口才，還能體現我們的聰明才智。在實際應用中，自嘲的優點主要有以下三個：

1. 反映自信

自嘲其實就是拿自己尋開心，以此求得溝通對象一笑，使得交際活動充滿樂趣。

敢於自嘲的人往往對自己充滿信心，不管如何調侃自己，個人的魅力都不會受到影響。

2. 增加幽默感

自嘲通常是借助幽默的方式來開自己的玩笑，在幽默中展現自己的缺點或短處，更能彰顯誠懇，這能讓對方在會心一笑的同時對你心生好感。

3. 快速改善溝通的氛圍

在一些相對嚴肅或重要的場合，首次見面的雙方總會有一些緊張的情緒，如果你能巧妙地運用自嘲的手段，那就能快速改善溝通的氛圍。

自嘲是一種非常積極正向的表現，可以體現你風趣幽默的一面。在社交場合中，合理地運用自嘲法則，能夠有效拉近彼此之間的距離，讓溝通對象感受到你的人格魅力。以自嘲的方式進行溝通，會給別人留下更好的印象。

自我檢查

- ☑ 與人初次見面時，我會自嘲來加深對方對自己的印象嗎？
- ☑ 對於自己的缺點，我會不願提及並刻意掩蓋嗎？

不相信自己，別人如何信任你？

對任何一個人來說，自信心都是非常重要的動力來源。自信者能夠以積極的態度面對一切，這樣的姿態顯然有利於樹立良好的形象。

生活中，有些人常常對自己失去信心，總覺得自己什麼都做不好，所以在遇到困難的時候就選擇放棄，在交流的過程中始終不敢注視對方的眼睛。或許他們覺得這樣就可以掩飾自己的不自信，其實這種做法是掩耳盜鈴，只是他們自己渾然不知，或者是知道了也寧可裝作不知道。

你自信與否，其實透過肢體語言就可以反映出來。不自信的人，常常低頭走路、精神萎靡，遇到事情的時候，往往表現消極、退縮不前。你總是擔心自己做不好，擔心自己辜負大家的期望，所以無法全身心地投入其中。這種瞻前顧後的做法，顯然不利於行動的展開，最終自然會「不出意料」地失敗。如果能換一種心態，樂觀自信地去面對自己需要面對的一切，那麼最終反而有可能將事情做好。

相信自己，是一種無畏的表現，體現了一個人強大的心理素質。無論面對何種困境，始終保持自信，你將看到另一個機會、另一種可能。

二〇一六年十一月十五日，中國國家男子足球隊在雲南昆明迎來了一場非常重要的比賽——在二〇一八年俄羅斯世界盃預選賽亞洲區十二強賽中對陣卡達隊。兩支球隊在小組賽中有過交手，而且近年來也有不少交手記錄，所以雙方算是知根知底。但是，這場比賽也有變數，那就是兩支球隊都經歷了換帥風波，在打法上或許會有調整。最終，經過九十分鐘的激烈比賽之後，雙方以零比零戰平。中國隊在整場比賽中都占據優勢，而且三次打中門框（其中一次被吹越位在先），可是無奈運氣不佳只能接受平局。在這場比賽結束之後，中國隊在所參加的五場比賽中僅僅獲得兩平三負的成績，排名小組末尾，晉級機會渺茫。

在賽後採訪中，有記者表示中國隊的世界盃夢想已破滅，請中國隊主教練里皮*說

* Marcello Lippi，義大利籍足球教練，執教生涯中先後獲得歐洲聯賽與世界盃冠軍。二〇一六年起，獲聘擔任中國國家男子足球隊總教練。

一說自己的看法。里皮說：「在這場比賽之前我們就知道，國足晉級世界盃有很多的困難，晉級希望不大，這場比賽結束之後局面就更加困難了。但是，我想透過今天的比賽告訴隊員們，他們並不比其他對手差，球隊踢出了漂亮的足球，證明實力在卡達之上。球隊完全配得上勝利，可惜有三次都打中了門框，確實很不走運。只要還有晉級的希望，我們就不會放棄，就會付出百倍的努力。關鍵的問題是，球隊正走在正確的道路上，這個非常重要。」

隨後，卡達主教練在接受採訪時表示，中國隊的最後一場比賽將要面對卡達隊，根本沒有機會晉級。對此，里皮表示：「如果國足透過十天的集訓能夠有這樣的表現，我相信隨著時間的推移，大家還是可以有期待的。我覺得如果繼續這樣踢下去，確實還有機會晉級世界盃決賽。我不知道卡達隊的主帥哪裡來的自信，不知道如何預測我們最後面對他們是沒有機會的。我們今天有幾次打到了門框上，這確實很遺憾。」

全場占據優勢卻僅打成平局，里皮自然很不甘心；儘管晉級機會渺茫，里皮卻始終滿懷希望；隊員們拼盡全力地堅持戰鬥，里皮表現出十足的信心。儘管現實萬分殘酷，記者的提問也讓里皮有些難堪，但是他並沒有洩氣，而是心平氣和地表現出自己的信心和期望。面對卡達主教練的挑釁，里皮沒有退縮，而是針鋒相對地予以回擊，不僅再次表現出自己強大的自信心，還給對方造成了極大的震懾力。里皮的自信，不僅給隊員們帶去了鼓勵，也給所有關心中國足球的人注入了一針強心劑！

在社會中生活，自信是非常重要的一種素質。只有時刻對自己保持信心，別人才能對你產生信心。所謂「自信者，人恒信之」，想要贏得別人的信任和好感，自信是必不可少的法寶。

自我檢查

- ☑ 在日常生活中，我是一個自信的人，還是一個自卑的人？
- ☑ 面對一個自信的人時，我會不會時常被他感染？

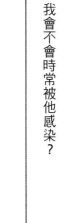

言談間多點謙虛，實力交給行動證明

許多人認為自己在某方面占據相當大的優勢，於是變得高傲自大，覺得自己的能力和地位足以令人折服。殊不知，只有謙遜的人，才會受人歡迎。

有句話叫「謙虛使人進步，驕傲使人落後」，謙虛的人，總能積極學習，從別人身上汲取養分；驕傲的人，總覺得自己是最棒的，結果孤芳自賞，停滯不前。

謙遜是一種美德，在任何時候都會散發出令人著迷的光芒。在人際交往中，謙遜的人往往能夠給人好感，吸引別人關注的目光。如果你想給人留下良好的第一印象，那麼展現自己謙遜、低調的一面將是一個極佳的選擇。

1. 謙遜的人會給上司留下好印象

一個總以傲慢姿態示人的下屬，不僅會讓同事厭煩，還難以獲得上司的信任。而表現謙遜的人，會讓上司覺得低調、勤懇，並贏得上司的好感，給上司留下好印象。

美國南北戰爭時期，南方聯盟的戰將傑克森*以謙遜聞名。有些人說，「天賦的謙虛」是傑克遜最顯著的特點。在一次戰鬥之後，總司令對傑克森的指揮能力讚不絕口，但是傑克遜從來沒有向人提起過這件事。並不是傑克遜不重視功名，而是他對自己有清晰的認識，知道如何一步步實現自己的目標。隨著時間的推移，謙遜的傑克森不僅贏得了越來越多的認可，還贏得了數次提拔的機會。

從中不難看出，能取得巨大成就的人，往往能保持謙遜的態度，即便已經取得了一定的成績，他們也不會宣揚或是標榜自己。而那些目光短淺的人，往往喜歡炫耀自己，有時甚至會在上司面前刻意表現自己。兩相比較，上司無疑會更加欣賞謙遜的人。

2.少說多做的人給人留下值得倚重的印象

在同事面前，不該說的話絕對不能說，尤其是涉及工作任務時，千萬不要抱怨。對於一些看不慣的現象，也不要總發牢騷，因為說得越多，越可能出錯，越可能引起別人的反感。最保險的做法是少說多做，用實際行動來表明自己的態度。

* Thomas Jackson，美國南北戰爭期間南軍的著名將領，有著「石牆」的美譽。

比如，你看不慣同組的同事總是遲到，如果你指責他，可能會激起他反抗的情緒，而如果你每天早到十分鐘把工作所需的材料收拾好，這種無聲的批評反而會讓他自覺改掉遲到的習慣。少說多做的人，往往會用實際行動來代替口頭說教，這會讓人感覺舒適，而且不用擔心這些人會將某些不該說的話說出去。對於這種可靠的人，人們往往會願意表現出友好的態度，也願意倚重他們。

3. 謙遜的人更容易贏得信任

法國哲學家羅西法古說：「如果你要得到仇人，就表現得比你的朋友優越；如果你要得到朋友，就要讓你的朋友表現得比你優越。」因為每個人都會在潛意識中維護自己的形象，如果你在別人面前過分地彰顯你的優越感，那麼無形中就會踐踏別人的自尊，別人的排斥心理和敵視情緒就會隨之而來，也就很難對你產生信任感。

如果你是一個謙遜的人，別人就不會感覺受到威脅，這樣他才願意相信你並建立良好的關係。所以，你千萬不要處處炫耀自己的優勢，而要依靠謙遜贏得別人的信任。

4. 過度謙遜會讓人覺得虛偽

如果你不懂得謙遜，往往會被人視作驕傲自大，無法給人留下良好的印象。但是過度謙遜，就會讓人覺得虛偽。恰當的謙遜，應該與地位、年齡、時機等因素相符，如果過度謙遜，就可能會被人指責為虛偽。通常來說，過度謙遜的人，大多懷著表露心機的目的，因為他們很擔心對方不理解自己的真正意圖。一般人往往對這種虛偽的謙遜十分反感，而這類人實際上就是自欺欺人，總是希望以過度的謙遜來掩飾自己。

讓別人對你產生好印象的祕訣之一就是在別人面前恰當地表現自己的謙遜。謙遜的你通常不會被人排斥，更容易融入群體，也更容易被社會接納和認可。

尚未成功的人沒有驕傲的資本，所以應該保持謙遜的態度；已經功成名就的人，也不應該驕傲自大，而要始終如一地保持謙遜的作風，因為未知的事物還有很多，所有人都應該積極主動地不斷學習。用一句話概括就是，謙遜和知道如何謙遜，是贏得人們好感和尊重的重要手段之一。

自我檢查

- ☑ 當我取得成績的時候，是不是總在別人面前炫耀自誇？
- ☑ 我是不是覺得自己是最棒的，根本不需要向別人學習？

放低姿態，未來站得更高

善於溝通的人，總是願意在溝通的過程中保持低調。這種處事風格能夠展現一個人高尚的內心世界，而這種高尚的境界，往往最能給人帶來震撼。

在與陌生人溝通的過程中，有一點一定要時刻謹記：與對方交談的時候，一定要盡量保持低調，而不能頤指氣使地和對方說話。如果你始終以居高臨下的姿態示人，不僅會讓對方的自尊心受損，還會給對方留下你不好溝通的壞印象。

但凡能夠給人留下良好印象的人，絕對不會讓自己展現出傲慢的一面。他們很清楚，想要順利地進行溝通，就要和對方保持平等的地位，讓對方放鬆心態，進行更有效的溝通。

尤其是在溝通雙方的身分、地位相差懸殊時，如果地位較高的一方能夠主動放低姿態，那麼就能收到意想不到的溝通效果。

美國前總統雷根在必要的時候能放下自己的身段，以較低的姿態和別人進行交流。

有一個名叫比利的男孩子，因為身患重病而住進醫院。在他病入膏肓的最後時刻，家人們想方設法地滿足他的每一個願望。但是，當他說出自己最大的願望是當一次總統時，家人們頓時感到無計可施。儘管他們非常希望能幫助比利實現願望，但是以他們的能力根本無法做到。

這件事情透過某些管道傳到了雷根總統的耳朵裡，於是他親自邀請比利到白宮實現自己的夢想。拖著孱弱的身體來到總統辦公室時，比利的臉上露出了滿足的微笑。更出乎人們意料的是，雷根總統並不只是擺擺樣子，讓比利在辦公室裡坐一坐，而是真的讓他做一天的總統，自己則安心做起了比利的助手，「幫助」比利處理所有的公務。

整整一天的時間裡，雷根總統都在做這種像遊戲一樣的工作，直到比利返回醫院才算正式結束。媒體報導了這件事之後，雷根總統的支持率大幅度提升，因為民眾覺得雷根總統是最親民、最有人情味的總統。

雷根總統的低姿態讓民眾對他產生了「最親民、最有人情味」的印象，從而提升了他的支持率。由此可以看出，放低姿態非但不會降低自己的身價，令別人輕視我們，導致自己在溝通中處於劣勢地位，反而會為個人形象加分。

一位哲人說過，放低姿態是一種大智慧，是一種正確認識自己的行為。假如我們總是高高在上，別人自然覺得我們難以接近，進而失去溝通的興趣，這會讓我們的人際關係變得越來越糟。

實際上，我們自己應該也有相同的感受，因為我們身邊從來不缺少高高在上的人。當他們出現在我們身邊的時候，我們會覺得非常難受；當他們遠離我們的時候，我們反倒覺得十分輕鬆。而對於那些低調的人，我們對他們的態度則截然相反。

在日常生活或是溝通的過程中，如果我們可以適當地放低姿態，不把自己看得比誰都重要，那麼別人就會對我們報以親切的微笑，這會使溝通變得更加輕鬆自在，也會讓我們的形象變得更加深入人心。

自我檢查

☑ 與人交往時，我是喜歡高高在上還是平易近人？

☑ 對於一個地位很高卻放低姿態的人，我會有什麼樣的想法？

CHAPTER

6

應對進退總學不會？無形的人際界線

一個人的人生之路如何走下去，與其人生觀有著十分緊密的關係。人生觀正確、積極的人，往往可以更加準確、平和地看待身邊的人和事。這樣的人往往會給人留下良好的印象，受到人們的歡迎。要做到這一點，並非一朝一夕之功，而是需要長期的學習和積累，經受諸多歷練之後，才能形成正確的人生觀。

話說太多，只會變成耳邊風

人們常說「話不在多而在精」。在初次與人見面時，如果你喋喋不休地重複同一句話，就會讓人覺得厭煩，這樣便沒有人願意與你繼續交談了。

初次與陌生人相見，語言溝通是十分重要的一種交流方式。透過語言，你可以向對方介紹自己的基本情況，展示自己的優點，也可以陳述自己的觀點。透過詳細而準確的介紹，讓對方迅速而清晰地瞭解你的整體情況。

但是，在實際生活中，很多人並不能很好地把握其中的分寸，說話的時候總是囉囉唆唆、口無遮攔，結果令對方心生厭煩，不願繼續進行溝通。

所謂超限效應，是心理學上的一種說法，它指的是語言的刺激太多、太強或是刺激的週期太長，都會令人產生極度煩躁和逆反的心理。

如果你所說的話超出了對方對美好印象的預期，通常會起到完全相反的作用。

一次，著名作家馬克・吐溫去教堂參加一個募捐活動。活動剛開始的時候，牧師的演講非常感人，馬克・吐溫深受觸動，準備把身上帶的錢全都捐出去。沒想到十分鐘之後，牧師依然滔滔不絕地講著。馬克・吐溫對此有些厭煩，所以決定只捐一些零錢。又過去了十分鐘，牧師還在口若懸河地演講，而且絲毫沒有要停下來的意思。於是，馬克・吐溫決定一分錢都不捐了。兩個多小時之後，牧師終於結束了自己的長篇大論，開始進行募捐。馬克・吐溫感覺非常生氣，他非但沒有捐錢，反而因憤怒從募捐盤裡拿走了兩塊錢。

牧師可能沒有想到，假如他的演講只持續十分鐘，也許他能募集到更多的資金。牧師從自己的角度出發，希望向聽眾傳遞更多的資訊，讓他們更加理解自己的主張，沒想到卻因為忽視了聽眾的感受，說了太多的話，而讓很多人失去了興趣。

提到話多讓人煩的例子，相信很多人都會想起《大話西遊》這部電影中的唐僧形象。唐僧囉唆的程度簡直到了令常人難以忍受的地步，當他嘮叨時，旁人總會變得極度煩躁，更有甚者，很多小妖怪被他折磨得寧可自殺。即便如此，唐僧依然不停地說。

為了創造更好的藝術效果，導演在電影中對唐僧的囉唆進行了部分誇張。但是，即便生活中出現的只是一個像馬克．吐溫遇到的牧師那樣的人，相信很多人也是唯恐避之不及吧！

在實踐中，許多人總覺得重複能加深印象，這看似很有道理，畢竟我們上學時就是這樣記憶知識的。可是我們也不能忽視，我們上學時並不喜歡這種枯燥的重複記憶方式。毫無節制的重複往往會讓人覺得討厭，導致出現「一隻耳朵進，一隻耳朵出」的情況，甚至有可能讓對方覺得你說的話沒有任何意義，於是直接遮罩了你的話。

與人交談時，應該在短時間內傳達出自己想說的內容重點，如果你絮叨說個沒完，就會讓對方產生厭煩和抵觸情緒，說得越多，越會令對方的思想遠離自己談論的話題。

無論在什麼情況下，都要注意把握說話的分寸，千萬不要忽視超限效應給對方帶來的影響。一旦越過界限，對方出現走神之類的現象就是再正常不過的了。如果溝通效果沒有達到自己的預期，千萬不要怪罪對方，倒是應該先從自己身上找找原因。

自我檢查

☑ 與人交流時，我能準確掌握說話的分寸，不讓人覺得厭煩嗎？

☑ 平時說話時，我有不斷重複的習慣嗎？

多一點變通，有話更愛找你說

能夠堅守信念的人，往往具有強大的精神力量。然而，並不是在所有的情況下都適合堅持己見。適當地做出一些變通，有時反而會給人留下正面的印象。

這個世界上，總會發生一些出乎意料的事情。此類事情發生的時候，你會怎麼做？手足無措，怨天尤人，還是選擇靈活變通、積極應對？

關於變幻莫測的生活，相信很多人都有深刻的體會，但是真正能夠巧妙甚至完美應對的人，則是少之又少。並非因為我們沒有應對的能力，而是因為大多數人對自己的生活都有一定的規劃，而且非常希望自己可以掌控生活中的一切。然而，不可能所有的事情都按照既定的規劃展開和進行，一旦出現突發狀況，我們就必須做出選擇：是固執己見，還是靈活變通？

大家都知道，第一印象的形成只需要極短的時間，而大部分人能夠注意到的事情或關注的範圍是極為有限的。對於初次見面的陌生人，尤其如此。當事情按照自己的計畫逐步進行的時候，一切看起來都是那麼完美，一旦出現了意料之外的情況，很多人可能就會表現出自己的另一面。

這種情況下的表現往往很容易被陌生人作為評判我們的標準，因為不瞭解，所以會做出草率的判斷。

張磊是一個推銷員，一天，他約一位潛在客戶見面，想要推銷一些產品。見面之後，兩人稍作寒暄，便來到附近的一家咖啡館，並分別點了自己喜歡的咖啡。沒想到，張磊點的咖啡已經售罄。這讓張磊頗感不滿，他對服務員發起牢騷：「我就喜歡喝你家的這種咖啡，其他的咖啡我根本沒有興趣！你就不能想想辦法嗎？」雖然服務員一再道歉，但是張磊不依不饒，和服務員糾纏了十來分鐘。

張磊的行為讓坐在對面的客戶頗感難堪，並且就此認定張磊是一個很難溝通的人，於是，在草草聊過幾句之後，客戶便找個藉口離開了。

僅僅因為一杯咖啡，張磊便給客戶留下了糟糕的印象，從而錯過了一筆潛在的交易。對於張磊來說，這是一個很大的教訓。如果他能稍微變通一下，而不是固執地非要自己最喜歡的那種咖啡，客戶也就不會對他產生「很難溝通」的印象，說不定這筆交易最終就成交了。

如今這個時代，資訊快速傳播，各種知識以超乎想像的速度進行更迭，面對諸多新知識、新狀況，很多人都有應接不暇的感覺。在這種情況面下，一個人的變通能力顯得越發珍貴。如果能在意外狀況發生之後的極短時間內就做出相應的判斷並採取應變措施，那無疑會給對方留下相對良好的印象。當然，變通能力並非天生就有，它與心態、經驗、知識等諸多方面都有著非常密切的關係，需要經過相應的鍛煉才能具備。

1.多在公共場合說話

在公共場合中，我們會遇到形形色色的人，多與不同類型的人打交道，將有助於我們積累經驗，在以後遇到相似的情況時，可以迅速做出反應，靈活地進行應對。

2.積極參加各種聚會

在聚會中，我們見到的大多是認識甚至熟識的人。在這種環境中，我們可以更加輕鬆、平和地與人溝通，在增加經驗的同時，也練就了更加平和的心態。

3. 訓練聯想能力

在遇到突發狀況時，聯想能力能夠幫助我們迅速聯想起相似的情況，這樣一來，我們應對的方式得以增加，應對的空間得以擴大，變通的能力自然也就得到了提升。

4. 提高身體協調能力

在溝通過程中，身體語言的重要性不言而喻。當遇到突發狀況時，我們完全可以借助身體語言來應對可能出現的危機。而且身體協調能力越強，應對危機就越巧妙。

通常來說，靈活的變通方式能夠給人帶來平易近人的感受，而一個固執己見的人，則會讓人覺得難以交流。當然，這並不是說要為陌生人改變自己的喜好，而是說不要因為執著於自己的喜好而給對方留下不好的印象。如果你想在初次見面時就給人留下積極的印象，那麼你最好努力表現得比平時更加靈活變通一些。

自我檢查

- ☑ 無論在什麼情況下，我都會堅持自己的意見，不肯改變嗎？
- ☑ 當事情超出我的控制範圍時，我常常會手足無措嗎？

自覺高人一等，無形的溝通斷層

每個人對自己的地位都有不同的認知，由於認知不同，在別人面前表現出的姿態也就有所不同。有些人覺得自己在某些方面占有優勢、高人一等，於是會給別人留下高傲的印象。

在一般情況下，當你與陌生人初次見面時，往往會不自覺地表現出高傲的一面。這是因為以這種姿態示人會給你帶來心理上的優勢，讓你充滿自信地與別人進行溝通。

然而，並不是所有的場合都適合以這種姿態示人。如果是參加一個能夠展現你專業技能的論壇或會議，那麼這樣做可以體現權威性。但是在諸如約會、談判之類的場合，這種姿態就是不合適的。它會讓別人覺得你是一個傲慢無禮的人，這種感覺會減少別人的交流興趣，使得你在無形中失去很多溝通機會。

高人一等的自我地位認知是很常見的情況。只不過，不同的人會有不同的表現形式，在不同場合中的表現也會有所差異。

1.先發制人

一些人喜歡在開口講話之初就表明自己的身分，這也許是為了讓對方知道自己的職業和地位，以此證明自己比別人地位更高、權力更大。比如：他們會說「我是××公司的總經理」，而不會說「我在××公司工作」；他們會說「我住在××別墅區」，而不會說「我住在××大街」。採用這種方式，就是為了一開口就能震懾對方，使自己處於優勢地位，展現自己的高姿態。

2.反應式

這類人通常不會主動說話，而是習慣根據對方的情況做出相應反應，以便時刻與對方保持平等的地位或是尋找對方不如自己的地方，以顯示自己高人一等。比如當別人說「我前幾天去泰國旅行了」時，他們會說「我已經去泰國好幾次了，感覺沒什麼意思」。採用這種方式，其實是為了在比較中凸顯自身優勢，透過對比打壓對方。

無論是哪種方式，都容易引發對方的不滿，降低對方溝通的欲望。因為高人一等的姿態難免讓人感覺不愉快，即便是展現真實的自己，也難免讓人產生被脅迫的感覺。

也許你潛意識中就有一種優越感，只是自己沒有注意到而已。當你不自覺地表現出高人一等的姿態時，別人難免心生厭煩。想要瞭解別人對你有何看法，就要知道哪些信號表明了你讓人感覺不自在。

當你發現對方有以下幾種表現時，你就應該注意一下自己的姿態是不是有些高高在上或是頤指氣使——

（1）對方表現出反抗的姿態，或是想要表現得比你更加優秀。

（2）對方在談話過程中想要換一個話題，或拒絕談論那些讓他們感覺不如你的事。

（3）對方開始審視自我，身體顯得非常僵硬，而且不願多說話。

自我檢查

☑ 與人交往時，我會在某些時候表現得高人一等嗎？

☑ 我之所以表現出高人一等的姿態，是因為想掩飾自己的不安嗎？

平等互動，對話氛圍更融洽

在地位平等的情況下，溝通雙方的心態相對比較平和，溝通起來也會相對輕鬆。這種氛圍對於溝通大有好處，也有利於樹立良好的第一印象。

這個世界上，每個人都是平等的。也許因為職務的不同而有上下級的關係，但是這種「不平等」只是分工不同造成的，與人格平等並不矛盾。

如果能在剛剛開口的時候就傳遞出「我們是平等的」的資訊，相信對方會願意與你站在同一條戰線上。有了這個共同的認知，雙方往往更容易達成一致的意見。讓自己與對方處於平等的地位，能夠構建起相對舒適的關係，而這種關係是實現良好溝通的重要基礎，也是你應該努力達成的目標。那麼，應該如何達成這個目標呢？

面對素昧平生的人，不可能剛一見面就對對方有充分的瞭解。所以在找到互相平等的立場之前，首先要進行一些情感上的試探。就算你傳達出能夠平等看待對方的資訊，他也可能覺得高你一等或是自愧不如。這是由對方的心理狀態決定的，並不在於你是否平等看待他。

如果你感覺在對方的眼中你比他強，那你就應該適當展現自己謙遜的一面，讓對方感受到你願意放低姿態的態度；你還可以幽默地自嘲，並努力把對方的關注點轉移到別處。如果你感覺在對方的眼中他比你強，那你不需要努力表現自己的優勢，你只要能夠找出雙方的共同點，並且告訴對方你和他持相同的態度或觀點，那麼你們的心理距離就能迅速拉近。當然，你的自我表現方式、發言內容及關注點並不一定能夠如自己想像中那樣順利地展現出來，因為你的行為會在無意識中受到一些因素的影響，其中一種因素就是別人表現自我的方式。

關於這一點，研究人員做過一個實驗：

研究人員邀請一些大學生參與實驗，調查他們在學校裡的經歷和感受。在調查開始之前，研究人員給參與實驗的大學生看了一段話，內容是其他人在學校裡的經歷和感受。其中一部分內容十分正面，如「我交了很多好朋友，和同學的關係非常融洽」等；另外一部分內容則十分負面，如「我和某些同學的關係非常糟糕」等。在隨後進行的調查中，談到自己在學校的經歷和感受時，那些讀到正面內容的大學生明顯比讀到負面內容的大學生更加積極。

實驗結果表明，參與實驗的大學生明顯受到了調查前閱讀的那段話的影響。但是很多人並沒有意識到自己受到了影響，而是覺得自己的態度是中立的，沒承想自己實際已經受到外界影響而留下了有偏差的印象。

就像參加實驗的那些大學生一樣，很多時候你也沒有意識到別人對你表現自我的方式產生了巨大影響。同樣的道理，你也可以在別人毫不知情的情況下，促使別人展現出積極的一面。

在地位平等的情況下，溝通的氛圍更加融洽，溝通起來更為輕鬆，如果你能讓雙方處於平等的位置，那麼對方自然會對你產生較好的印象，與你進行更好的交流。

自我檢查

- ☑ 與人溝通的過程中，我能做到以平等的姿態面對別人嗎？
- ☑ 當我感覺別人的地位比我高時，我會覺得自慚形穢嗎？

放低身段，讓人不自覺就有好感

人人都希望自己出人頭地，而沒人願意自己低人一等，這是人之常情。但是在某些情況下，適當展現低人一等的姿態，將有助於樹立良好的第一印象，使溝通順利進行。

當我們希望表現自己的恭敬謙遜時，有可能會做出低人一等的姿態；在我們嘗試著表現出與人平等的姿態時，也可能會因為把握不好其中的分寸，反而表現出低人一等的姿態。無論是出於何種原因，我們每個人都可能在某些時候，產生低人一等的自我地位認知。

相信大多數人都有相同的認識，那就是低人一等這種姿態並不具有吸引力。也正是因為如此，很少有人會在初次與陌生人見面時就直接貶低自己，以免給人留下不好的印象。更為常見的一種情況是，人們會主動避開那些讓他們感覺不舒服的人，以此傳遞出他們覺得低人一等的資訊。

當你覺得別人對你的地位產生威脅時，或許你並不知道做出怎樣的回應才算得體。實際上，你並不需要做出反抗的姿態或是保持沉默，而是可以透過坦然承認對方的地位來表現自己的信心。

比如，有人告訴你他是公司的總經理，而你不過是公司的業務主管，從地位上看，你顯然不如他，那麼你就可以直截了當地對他說：「您的工作太棒了！每天都有很多有意思的事吧？」

仰視別人的另一種方法，就是展現謙遜的姿態或是適當降低自己的地位，這樣做能夠博得別人的好感。為什麼這樣說呢？因為有些人很討厭自己不如別人，而對那些在某些方面不如自己的人，則會心生好感。

所以說，如果你願意適當放低身段，那麼和這類人相處起來就會輕鬆自在得多。另外一個原因，謙遜本身就是一個吸引人的優良品質。當你表現出自己的謙遜時，你所傳遞的資訊就是你並不自負，也不會以自己為中心。這會讓你顯得平易近人，很容易進行溝通。

當我們與陌生人見面時，總是希望展現自己優秀的一面，給對方留下良好印象，而放低身段就能有效幫助你達成目標。在與人交往時，以下幾種方式會有一定的借鑒意義。

1.簡單直接

介紹自己時應該簡單直接，而不要添枝加葉。比如，你可以說「我是做零售行業的」，而不要說「我開了好幾家零售店」。

2.幽默自嘲

在溝通過程中，可以適當開些玩笑，或是自嘲一番。比如，你約會遲到了，可以說：「實在對不起，我跟路不是太熟，你跟它的關係應該不錯吧。」

3.承認失誤

在出現失誤時，沒有必要遮遮掩掩，勇敢承認反而能夠展現你個性上的優點。比如，你可以說：「我真是太笨了！這個問題我竟然沒有考慮到，如果是你，肯定不會出現這種失誤。」

4.讚揚對方

如果對方在某些方面表現得不錯，那麼你就可以從這些方面讚揚對方。比如，如果對方的衣著十分新潮，那麼你可以說：「你的衣服很漂亮，搭配效果很好。」

放低身段是為了讓雙方保持相對平等的姿態，在減少對方心理壓力的同時，為自己樹立一個良好的形象。但是，放低身段並不是一味地貶低自己，而是要準確把握其中的度，只有適度「低人一等」，才能起到積極且有效的作用。

自我檢查

- ☑ 無論什麼時候，我是不是都不願意表現出低人一等的樣子？
- ☑ 在我看來，低人一等是一件令人十分慚愧的事情嗎？

關注點相同，對方更想跟你交朋友

在生活中，每個人都有自己關注的重點，能夠反映出的，就是人生觀。關注點的不同，將會對第一印象的形成產生相應的影響。

人生觀包含諸多內容，其中有積極的，也有消極的。不同的人會有不同的關注點，而關注點所反映的，其實就是一個人的人生態度。

在這個世界上，有美麗也有醜陋，有歡樂也有痛苦，有讓人喜歡的事物，也有讓人討厭的事物。你可以選擇自己關注的內容以及想要與人談論的話題，而別人也會根據交談的內容，對你做出相應的判斷。

瑪麗剛剛搬到一個新的城市，並很快和同事成了好朋友。一天，她到同事在湖邊的小屋做客。

大家聊著聊著，同事的鄰居凱蒂走了過來，和她們打招呼。同事邀請她一起坐坐，於是三個人熱切地聊起了天氣、新聞等。

凱蒂十分隨和，總能以積極的態度對待身邊發生的事情。瑪麗覺得凱蒂十分友好，有種一直聊下去也不會厭煩的感覺。

幾個人聊得正開心，同事的另外一個鄰居露絲也走了過來。她和大家打過招呼之後，也被邀請加入談話。

露絲很喜歡抱怨，抱怨對象包括工廠的噪音、鄰居家的小狗等等。聽到露絲所說的話，瑪麗覺得很不開心，她覺得自己和同事的時間都被露絲浪費了，這讓她對露絲這個人充滿反感了。

無論在什麼場合，你所說的話都會傳達出鮮明的個人資訊。你積極地看待一切，那麼在別人眼裡你就是一個充滿活力和吸引力的人；你只會抱怨，那麼在別人眼裡你就是一個消極低沉和讓人厭煩的人。

通常而言，悲觀主義者會被視作社交場合的負擔，樂觀主義者則被認為能夠在社交活動中帶來諸多益處。

當然，用積極的態度引導話題展開非常重要，但並不是完全不能出現中立或批評的觀點。只有各種觀點相互融合、搭配，才能真實地展現自己。而真實的人，往往受人歡迎，會給人留下較好的印象。

自我檢查

- ☑ 通常而言，我更關注生活的哪個部分？
- ☑ 面對一個關注點和我有所不同的人，我能找到雙方的共同點嗎？

自制力＋控場力，人際相處超自信

每個人都渴望具有強大的掌控力，希望能夠掌控一切，但是現實情況是，有些人能夠掌控自己，有些人卻不行。能否掌控自己，將會對第一印象產生巨大的影響。

一個人對自己控制力的高低，可以顯示他的不同姿態，是能夠掌控自己還是無法掌控自己，傳遞出的資訊是截然不同的。

一個能夠控制自己的人，往往具有強大的意志力和堅定的心理，無論遇到什麼複雜的情況，他們總能憑藉超強的控制力有效化解。這是他們展現自身魅力的方式，能給別人留下一個與眾不同的印象。關於控制力，有三點內容需要我們注意。

1.過度掌控的表現

在某些時刻，相信你有這樣的體驗：你喜歡按照自己的方式安排一些事情，而且認為自己的安排是最好且最有利的，覺得其他人也要按你的想法去做才行。殊不知，你的某些做法已經對別人產生了負面影響，這樣做不僅無法給別人留下好印象，反而可能因此給自己樹立負面形象。

2.失控的表現

失控也是一種有違常態的表現，這說明你的生活已經超出了你的控制範圍，在當時的環境中也無法對別人造成影響。在這種情況下，你傳遞出的資訊則是無法掌控自己。

在××公司工作的六年多時間裡，莫莉一直期待晉升，可是經理始終沒有給她這個機會。莫莉對此很不滿，每當有人提起升職的事情時，她總會抱怨一番，說公司這不好那不好，埋怨經理不知道慧眼識珠等等。在相當長的一段時間裡，莫莉都無法全神貫注地工作，生活也因此受到了影響。鑑於莫莉的種種不佳表現，公司最終只能辭退她。

莫莉對晉升的期望值過高，這使得她對別人的升遷充滿了不滿，她的種種言行已經證明，無論是對工作還是對生活，她都已經失去了控制力。這樣一個人，顯然會給人留下不好的印象，公司辭退她，也是預料之中的事情。

3. 掌控局面的表現

無論是過度掌控還是失控，都無法給人留下好的第一印象，因為這兩種方式都令人感覺不適，給人一種壓抑的感覺。只有恰到好處地掌控局面，才能塑造良好的形象。

給人留下可以掌控局面的印象，其實就是告訴對方你能夠將自己照顧得很好，你不僅是自己生活的主人，還有能力滿足其他人的需求。如果上面提到的莫莉能夠恰到好處地掌控自己，那麼她就不會落入不受歡迎的境地。

能夠掌控局面的人會將注意力放在自己身上，而不會被外界的因素影響。他們能夠做到時刻關注自己的表現，通常會給人留下比較自信的第一印象。

自我檢查

- ☑ 根據以往的經驗，我是一個善於掌控生活的人嗎？
- ☑ 當事情超出我的控制範圍時，我會驚慌失措嗎？

CHAPTER

7

話不投機半句多！如何找對話題？

每一次溝通，都需要一個相應的話題。無論這個話題的主要內容是什麼，只有選擇得當，才能引起對方的興趣，實現良好溝通的目標。可以說，一個好的話題，有助於溝通的深層展開；一個糟糕的話題，則會讓溝通難以繼續，甚至失去傳遞資訊的管道。

挖出相似經歷，話語更具感染力

想要與人進行良好的溝通，擁有共同話題是非常必要的。只有形成某種共鳴，才能迅速展開話題，並以最快的速度拉近彼此之間的距離。

每個人都願意和自己喜歡的人進行溝通，喜歡聽有好感的人說話。想要成為別人眼中那個受歡迎的人，我們就要在溝通的過程中加入一些能夠拉近距離、聯絡感情的內容。

俗話說「物以類聚，人以群分」。那些具有相同經歷的人往往能夠構成一個群體，而且能夠更好地交流和相處。為了達到溝通的目的，我們應該在尋找相似的經歷——如打工、求學、挫折等上下功夫。

聽到相似的經歷，對方便會感同身受，在感情上更容易接受和理解我們，也會對我們所講的內容更加認可和期待，對我們產生更好的印象。

在一次畢業典禮上，華中科技大學的校長*發表過這樣一次演講：

我知道，你們還有一些特別的回憶。你們一定記住了「俯臥撐」、「躲貓貓」、「喝開水」，從熱鬧和愚蠢中，你們記憶了正義；你們一定記住了「打醬油」和「媽媽喊你回家吃飯」，從麻木和好笑中，你們記憶了責任和良知；你們一定記住了「姐的狂放」、「哥的犀利」，未來某一天，或許當年的記憶會讓你們問自己，曾經是姐的娛樂，還是哥的寂寞？

親愛的同學們，你們在華中科技大學的幾年給我留下了永恆的記憶。我記得你們為烈士尋親千里；我記得你們在公德長征路上的經歷；我記得你們在各種社團的騎人成績；我記得你們時而感到「無語」時而表現得焦慮，記得你們為中國的「常青藤」學校中無華中大一席而灰心喪氣；我記得某些同學為「學位門」、為光谷同濟醫院的選址☆而激憤；我記得你們剛剛對我的呼喊：「根叔，您為我們做了什麼？」——是

*李培根，中國工程院院士，二〇〇五至二〇一四年間擔任華中科技大學校長。因其幽默風趣的演講風格而被學生暱稱為「根叔」。

☆「根叔」任內先後發生原定的新建教學大樓改為醫院，以及分校頒發大量學士學位、疑似買賣文憑的事件，引發教師與學生不滿。

啊，我也得時時拷問自己的良心，到底為你們做了什麼？我還能為華中大的學子們做什麼？……

同學們，你們中的大多數人，即將背上你們的行李遠行。請記住，最好不要再讓你們的父母為你們送行。面對歲月的侵蝕，你們的煩惱可能會越來越多，考慮的問題也可能會越來越現實，角色的轉換可能會讓你們感到有些措手不及。也許你會選擇「膠囊公寓」，或者不得不蝸居，成為「蟻族」之一員。沒關係，成功更容易光顧磨難和艱辛，正如只有經過泥濘的道路才會留下腳印。請記住，未來的你們大概不會再有批評上級的隨意，同事之間大概也不會有如同學之間簡單的關係；請記住，別太多地抱怨，成功永遠不屬於整天抱怨的人，抱怨也無濟於事；請記住，別沉迷於世界的虛擬，還得回到社會的現實；請記住，「敢於競爭，善於轉化」，這是華中大的精神風貌，也許是你們未來成功的真諦；請記住，華中大，你的母校。什麼是母校？就是那個你一天罵他八遍卻不許別人罵的地方。……

親愛的同學們，也許你們沒有那麼多的記憶，也許你們很快就會忘記根叔的嘮叨與瑣細。儘管你們不喜歡「被」，根叔還是想強加給你們一個「被」：你們的未來「被」華中大記憶！

校長所說的內容是同學們大學生活點點滴滴的綜合，以及走入社會之後會面臨的種種可能，可謂十分接地氣，讓同學們充滿了親切感。雖然話語中缺乏華麗的辭藻，也沒有精心雕琢的修飾，可是同學們聽了之後依然禁不住潸然淚下。這是因為校長所講的是同學們一起經歷過的種種過往，這種相同的經歷引起了同學們的強烈共鳴。

在日常生活中，某些具有特殊性的事件，如第一天上班、第一次約會等，總會給人留下深刻的印象，有些印象甚至會深深地刻印在人們的腦海中，對人們產生難以估量的影響。如果我們可以好好利用這些特殊事件，那麼很容易就能感染別人，讓別人和我們站在同一條戰線上。

自我檢查

- ☑ 與陌生人溝通時，我會不會巧妙利用彼此的相同經歷？
- ☑ 當別人跟我講起相同的經歷時，我會不會覺得他是在故意套近乎？

急於表達，只會留下不良印象

人人都想展現自己的優點，這無可厚非，但是想將自己的優點表現出來，並非一件輕而易舉的事情。懂得以對方為重，才能讓對方樂於聽、樂於說。

與別人初次見面時，我們的第一想法就是充分展現自己的優點，如慷慨、友善、平易近人等，以求給人留下較好的第一印象。有的時候，我們會自吹自擂；有的時候，我們會順勢插話；有的時候，我們會把話題轉移到自己擅長的領域……無論何種風格，我們的目標只有一個，那就是竭盡全力引起對方的注意，讓雙方的溝通變得輕鬆而熱烈。

1. 自吹自擂

對於自己取得的成就，我們總是十分驕傲，希望所有人都能知道。這種心理促使我們在取得一些成績時便有意無意地在別人面前炫耀，這難免讓別人覺得我們是在自吹自擂。實際上，大多數人都很明白，公然自誇易讓人反感，很可能弄巧成拙。所以，人們摸索出一些技巧，以便借助更隱蔽的方式去表現自己的優點——

（1）提及自己認識的知名人物以自抬身價。比如，我們會在交談中看似漫不經心地提到自己認識的名人。

（2）列出證據以表明自己的身分。比如，我們會在說明經歷時提到自己的學位。

（3）轉述別人對自己的讚美。比如：「經理說了，我的這個方案是最有創意的。」

發表這些言論，通常是為了讓對方覺得我們是與眾不同或富有魅力的人，但從實際效果來看，往往顯得我們缺乏自知之明。

2.順勢插話

有些時候，我們會透過插話的方式來展現自己。有些話雖然看似和話題相關，但是真實目的是透過插話來分享自己的某些資訊。運用這種方式時，需要把握好時機及其中的度。如果在不該打斷對方的時候打斷了對方，那麼很可能會引起對方的反感。這樣一來，非但無法傳達想要傳達的資訊，還會給自己的形象帶來負面影響。

3.把話題轉移到自己擅長的領域

在自己擅長的領域，我們往往有很多話可說，所以在潛意識中，我們總會不自覺地將話題引向自己擅長的領域。這是一種正常的心理現象，但是在對方看來，恐怕就有些難以接受。一是因為我們擅長的領域對方並不一定擅長，二是因為轉移話題會讓對方覺得不受尊重。所以在轉移話題之前，一定要做好兩手準備：如果能順利轉移，便悄無聲息地轉移過去；如果轉移之後效果並不好，那就應該將話題再轉移回來。

要知道，在溝通過程中，對方的位置比我們的更重要，只有讓對方覺得滿意，讓對方覺得話題有意思，談話才能繼續下去。如果只是按照自己的方式去表達，很可能會給對方留下自私自利等負面的印象，這與建立良好第一印象的初衷是相悖的。

自我檢查

☑ 與人溝通時，我通常是主動分享自己的資訊，還是等對方問的時候才分享？

☑ 準備插話的時候，我會認真傾聽對方在說什麼嗎？

找到共同語言，成就你的好姻緣

面對陌生的環境、陌生的人，每個人的心理都會出現一些波動。如果能將所有的精力都用於尋找共同語言，說不定會得到出乎意料的收穫。

第一次與陌生人見面時，心理上自然會有一定的距離，茫然無措或是不知所謂的情況時有發生。在發生這種情況的時候，有些人會變得驚慌忙亂，不知道如何打破這種僵局。實際上，一旦找到了共同語言，溝通就會變得簡單，交流就會變得輕鬆愉快。

其實，稍稍留心就會發現，每個人在面對陌生環境、陌生人時都會感到不適，這是人之常情。我們要做的就是，降低甚至消除這種不適感對自己的影響，以求更快地找到與陌生人之間的共同語言。比如，對方是身材健碩的男性，可以和他聊聊健身；對方是口音相似的人，可以和他聊聊故鄉；對方是時尚的年輕人，可以和他聊聊遊戲、動漫；等等。只要能夠找到共同語言，接下來的溝通就會變得容易很多，溝通的過程也會令雙方感覺更加愜意。

小亮已經三十多歲了，還沒有找到合適的對象。父母十分著急，總是張羅著讓他參加各種相親活動。

小亮對交往對象有自己的要求，而且他並不善於和人溝通，所以相親活動雖然參加了很多次，但是一直沒有找到合適的人選。一次，小亮的父母讓他去附近的公園參加相親活動。小亮想，反正距離不遠，就帶著小狗出去，當是遛狗了。沒想到，剛進公園，他的小狗就不見了蹤影。小亮心急如焚，四處尋找，終於看到自己的小狗正在一個角落裡和另一隻小狗玩耍。而在離小狗不遠的地方，站著一位美麗的女孩。那女孩靜靜地看著兩隻小狗玩耍，臉上帶著甜蜜的微笑。

小亮猜想，這位女孩應該是另一隻小狗的主人。於是他輕輕地走到那位女孩身邊，和她小聲攀談起來。

「那隻小狗是你的嗎?真是太可愛了。」小亮指著和自己的小狗玩耍的那隻小狗問道。

「是啊！另外一隻小狗是你的？」女孩反問。

「是的。你的小狗今年幾歲了？」小亮繼續問。

「才一歲多點。你的呢？」女孩又反問。

「剛剛兩歲。家裡還有一隻將近六歲的狗。」小亮回答。

「你還挺喜歡狗啊！我還想再養一隻呢！」女孩有些驚訝地說。

「這樣啊，如果你需要建議，我可以與你分享經驗。」小亮說。

「那真是太好了！」女孩高興地說。

「那我們加個微信好友，行嗎？」小亮徵求女孩的意見。

「好啊，我們以後可以多交流。」女孩開心地說。

加了微信好友之後，兩個人時常聊些關於養狗的事情。久而久之，兩個人越來越投緣，最終成就了一段好姻緣。

小亮最初沒對相親活動抱什麼期望，也沒想到自己能找到一個稱心如意的對象，但是，由於小狗，他一下就打開了女孩的心扉。雖然他不善言辭，但是有了共同話題的兩人，最終走到了一起。

實際上，陌生人並不可怕，可怕的是不敢邁出交往的第一步。面對陌生人確實需要一定的勇氣，但是如果見到陌生人就驚慌失措甚至撒腿就跑，那麼哪裡還有交往的機會和可能呢？以平和的心態面對陌生人，從簡單的溝通中尋找蛛絲馬跡，努力找出兩個人的共同點，那麼兩人就會有話可說，溝通就不至於陷入冷場的境地，你也會給對方留下美好的印象。

自我檢查

- ☑ 面對陌生人時，我有辦法找到和他的共同語言嗎？
- ☑ 對跟我有共同語言的人，我是不是會更加喜歡一些？

四種「單向溝通」的魅力與陷阱

向別人傳遞資訊的時候，需要注意自己的表達方式，不能一味地自說自話，而將對方晾在一邊。要知道，對方並不想當傾聽者，只有站在對方的角度上，才能說出讓他想聽的話。

與親朋好友交流的時候，你常常會說一些自己感興趣的話題，如足球、美食、服裝等，而且會詳細地闡述，以表達自己的想法。同時，親朋好友也會積極地給予回應，說明自己的觀點。

但是，在面對陌生人的時候，如果你以同樣的方式展開談話，往往無法取得有效的進展。這是因為初次見面的時間相對短暫，當你說自己感興趣的話題時，其實是在無形中逼迫對方適應你的節奏，跟著你的思路走。也就是說，你把對方當成了聽眾。而在一般情況下，人們都不願意做聽眾。尤其是讓一個初次見面的人被迫充當觀眾，對方顯然不會樂意。他或許會覺得你是在浪費他的時間，甚至覺得你選擇的話題索然無味，這對你樹立良好的第一印象是非常不利的。

「對別人說」並不意味著就要滔滔不絕地說，自己充當傾訴者，而讓對方充當傾聽者。滔滔不絕地說，會讓對方心生反感，不願繼續溝通，也不會對你產生好印象。

一般而言，「對別人說」有以下四種風格。

1. 演講

有的時候，我們內心深處會有分享有趣資訊的強烈衝動，在這種情況下，我們也許就會以演講的風格開始自己的長篇大論。也許很多人覺得自己肯定不會這樣做，但是事實證明，在某些時刻或某些環境中，我們確實會不由自主地開啟演講模式。

對於演講的人來說，演講的經歷是非常美妙的，而且，演講者容易被美妙的感覺蒙蔽，感覺別人和自己有相同的體會是自己非常聰明、博學的表現。殊不知，站在對方的角度來看，傾聽並不是一種很好的體驗。

2. 講故事

我們從小就聽大人講故事，在日積月累的影響中，我們對故事有著特殊的感情。每當說到故事，我們難免會產生一些期盼甚至些許激動。

故事的魅力是巨大的，對每個人都有一定的影響和吸引力。所以，當我們講故事的時候，對方往往會更加集中注意力。

講故事是一種很好的交流方式，故事就是人們互相交流的材料。在講故事的過程中，可以取悅別人，找到與別人的共同點。但是，如果故事過於冗長，或是對方對故事的主人公並不瞭解，那麼對方就會缺乏參與感，講故事也會變成像演講一樣「一人說，一人聽」的模式。

通常來說，如果在初次見面時就能將故事講得簡明扼要，那麼就能輕鬆和對方建立起良好的關係。

3.說教

這裡所說的說教，就是千方百計地勸說別人同意你對某件事情的看法。主要涉及的話題有價值觀、信仰、思維方式和你密切關注的事情等。這些話題有可能與你的生活緊密相關，甚至是你生活中不可或缺的一部分，也有可能是你和親朋好友閒聊時的話題。

但是，固執地堅持己見並不見得會有好的效果。

說話的目的是說服別人或是強迫別人改變自己的立場，這就是說教模式的典型標誌。這種溝通模式隱含的資訊是「你是錯的，我是對的」。說教者在傳遞資訊的同時，不停地將自己的價值觀、思維方式等灌輸給對方。或許這種說教只是源於一件自己感興趣的事或是一個熱點話題，如動物保護、低碳出行等，可是每個人都有自己的世界觀，而且人們往往喜歡那些與自己有相同觀點的人相處，對於那些試圖改變自己的人，往往會敬而遠之。

你當然沒有必要隱瞞自己的價值觀，但是你也要考慮一下希望從溝通中得到什麼，思考一下你的觀點有沒有向對方介紹的價值。

要記住，假如你能尊重對方的價值觀，而不是試圖說服他接受你的價值觀，那麼你往往可以給對方留下較好的第一印象。

4. 說笑話

在首次與陌生人交流時，幽默可以讓你魅力值大增。幽默會讓對方心情愉快、精神放鬆，並和你展開良好的互動。

當然，說笑話也不能是單方面的行為，而是需要雙方的互動。如果只是你一個人說，而讓對方充當聽眾的角色，那麼你也無法給對方留下良好的印象。

不同場合和情況，需要不同的「對別人說」的風格。至於談話的具體內容，可以根據不同的對象做出有針對性的選擇。實際上，只要能用讓人感覺舒服和愉快的方式進行表達就好，交談的內容都是次要的。

自我檢查

- ☑ 在和人溝通的時候，我喜歡以哪種方式表達自己？
- ☑ 面對一個喜歡說教的人，我能做到認真傾聽他的觀點嗎？

順水推舟，令人主動打開話匣子

在溝通過程中，不能只是談論自己熟悉或是感興趣的話題，而要在對方關心的話題上多做文章，只有讓對方產生興趣，溝通才能順利進行下去。

很多人都會在溝通時犯下一個錯誤，那就是滔滔不絕地談論自己感興趣的事情。殊不知，你的滔滔不絕恰恰映襯出對方的尷尬無言，這樣的溝通必然沒有實際的效果。

人只要說起自己關心的話題，通常都會放下心理戒備，向別人敞開自己的心扉。其中的原因很簡單，對於自己比較熟悉的話題，人們往往有很多話可說，心理上就會相對放鬆一些。在相對輕鬆的心理狀態下，人們更容易打開話匣子，恨不得把自己知道的所有與話題有關的東西都講出來。在這種情況下，雙方的溝通自然變得順暢起來。

在初次溝通時，如果覺得話題一時無法展開，或不知如何引起對方注意，那麼不妨嘗試在對方關心的話題上做文章。一旦對方進入談話模式，就會知無不言，言無不盡。有了切入點，就有可能讓對方對你產生更多好感，並對你說的話產生更多關注。

愛德華·博克*是《布魯克林雜誌》的創始人兼主編。在十三歲那年，愛德華·博克開始給社會各界名流寫信，他最初目標不過是想向那些名流求證一些事情，想瞭解他們傳記中記錄的內容是不是和實際情況相符而已。他寫出的第一封信是給詹姆斯將軍☆的，沒想到將軍很快就寫了回信。這讓愛德華·博克大受鼓舞，於是不斷地給自己看過的傳記的主人公寫信，請求他們為自己解答一些心中的疑惑。沒有任何例外，那些名人全部給他寫了回信。而且在長期的交往中，他們都和愛德華·博克成了好朋友。

這些人中最為著名的一位，無疑是後來成為總統的拉塞福·B·海斯。在愛德華·博克剛剛創辦《布魯克林雜誌》的時候，拉塞福為了表示對他的支持，特意在雜誌上發表了署名文章，使得該雜誌的知名度得到了極大提升，銷量也隨之飆升。有了拉塞福的幫助，《布魯克林雜誌》在創辦之初就贏得了讀者的廣泛關注，愛德華·博克因此獲得了別人難以企及的成功。

* Edward Bok，美籍荷蘭裔編輯、作家，其作品《愛德華·博克的美國化》獲得一九二一年傳記類普立茲獎。

☆ James Garfield，南北戰爭期間曾任北軍少將，他繼下文中的拉塞福·海斯（Rutherford Hayes）之後當選第二十任美國總統，任職期間遇刺身亡。

有些人或許覺得有些難以理解，為什麼那麼多的社會名流願意給愛德華・博克回信，甚至願意支持他的事業？其實原因顯而易見——愛德華・博克信中的內容與社會名流切身相關，是他們比較感興趣的話題。

而在現實生活中，很多人在溝通過程中滔滔不絕地談論自己感興趣的話題，而忽視了對方的感受，令對方心生不悅。當對方根本沒有心思去聽你說的話時，他怎麼會願意進行深入的溝通呢？想讓對方認真聽自己說話，首先要站在對方的角度上，選擇對方關心的話題進行討論，這樣才能引起對方交談的興趣。當對方可以侃侃而談的時候，溝通熱情自然就被點燃了。這個時候，無論你說什麼，對方都會帶著愉悅的心情與你交談，對你的印象當然會好很多。如果你希望透過自己的表現吸引對方的注意力，於是千方百計地談論一些自己擅長的話題，講述自己的經歷或是種種訴求，以求將焦點放到自己身上，那很有可能起到適得其反的效果，令對方與你漸行漸遠。

自我檢查

- ☑ 與人溝通的時候，我能夠找到對方關心的話題嗎？
- ☑ 面對陌生人，我總是講自己喜歡的話題，還是對方喜歡的？

打破溝通壁壘，從對方喜好入手

每個人都有自己的興趣愛好，而且對它十分關注。如果能夠找到對方的愛好所在，再有的放矢地展開探討，相信就可以給對方留下較好的印象。

在生活中，當有人和你具有相同的愛好時，你會對他表現出更多的關心。即便兩個人是陌生人，也會因為有相同的愛好而產生親近感。

通常來說，具有相同愛好的人，彼此之間更能理解對方的快樂和痛苦，更願意和對方分享愛好帶給自己的快樂，在這樣的情況下，相互之間的吸引力顯然更大，更能激發彼此心中的交流意願。所以說，當你和陌生人交往的時候，不妨從對方的興趣愛好入手，由此快速贏得對方的認可，獲得對方的好感。

趙月剛剛大學畢業，手頭並不富裕，所以儘管她有一份不錯的工作，但是她依然選擇和別人合租一間房子。

合租的女孩叫張薔，是一個沉默寡言的人。有好幾次，趙月想和張薔溝通一下，可是並未成功。後來，趙月發現張薔很喜歡看偶像劇，而且喜歡精心打扮自己。於是，趙月也試著看一些偶像劇，期待從張薔的愛好入手，打破溝通的壁壘。

幾天之後，還沒等趙月去找張薔溝通，張薔就主動找趙月聊起了偶像劇。兩個陌生人就這樣慢慢拉近了距離，不久之後，兩人就成了無話不談的好朋友。

趙月和張薔之所以能夠成為好朋友，是因為趙月瞭解張薔的愛好，並由此入手，迅速拉近了彼此之間的距離，獲得了張薔的好感。

試想，趙月如果不理會張薔的愛好，而是按照之前的方式繼續嘗試溝通，最終的結果會怎樣呢？

所以說，想要和陌生人拉近距離，給對方留下良好的印象，就要先瞭解對方的興趣愛好，並由此入手，跨越雙方的交流鴻溝。那麼，應該怎麼做才能順利發現對方的愛好並吸引對方關注的目光呢？

1.仔細觀察，發現對方的愛好

每個人都有自己的興趣愛好，有的人喜歡讀書，有的人喜歡健身，有的人喜歡逛街，等等。雖然不盡相同，但是仔細觀察的話，一定會有所發現。想要贏得對方的關注甚至好感，進而獲得深入交流的機會，就要從對方的興趣愛好入手。

2.多下功夫，瞭解更多相關知識

找到對方的興趣愛好之後，就要多花時間和精力去瞭解和掌握更多的相關知識。這是因為對於愛好的事物，對方的瞭解程度一定很深。如果你沒有掌握相關的知識，那麼在和對方溝通的時候，一定會露出馬腳，引起對方的不滿。所以，多下些功夫去瞭解更多的相關知識和資訊，有助於你贏得好感。

3.培養與對方相同的興趣愛好

發現和瞭解了對方的興趣愛好之後，就要想辦法將這種興趣愛好變成自己的。比如，對方喜歡打籃球，如果想贏得對方的好感，就要認真培養打籃球的興趣，只有真正投入其中，對方才會真正感受到。如果你只是知道一些毛皮，那麼聊不了幾句就會被對方看穿。這種只做表面功夫的行為，往往會招人厭棄。

4.表現卓越之後，再謙遜地進行交流

想要引起別人的注意，僅僅瞭解對方的愛好並將其培養成自己的愛好是遠遠不夠的，還需要在這個方面表現出自己的卓越成績。只有表現卓越的人，才會讓別人從心底裡生出喜愛之情，這樣你才有機會贏得對方的好感，掌握溝通的主動權。

與個人愛好有關的話題，往往是人們十分關注的。如果你能在開始溝通之前便在對方的愛好上做好功課，那就找到了談話的突破口，讓對方對溝通投入更多的熱情，對你產生更好的印象。

自我檢查

- ☑ 與陌生人交往時，我是不是很難找到對方的愛好？
- ☑ 對方的愛好跟我的愛好不同時，我會談論與對方的愛好有關的話題還是與自己的愛好有關的話題？

從切身的事說起，越聊越起勁

在溝通過程中，話題的好壞直接影響著溝通的效果。只有選擇一些有得聊的話題，才能讓溝通雙方全情投入，獲得更好的溝通效果。

話題是溝通雙方探討的主要內容，是談話的中心思想。毫不誇張地說，話題是溝通活動的靈魂所在。在確定談論的話題前，要對對方進行適當的瞭解，從中發現他們的興趣點，再有的放矢地選擇話題，這樣更能達到事半功倍的效果。而那些有乾貨的話題，往往更容易引起對方的關注。通常來說，以下幾種類型的話題更能引起人們的興趣。

1.與對方息息相關的話題

每個人都會對自己多一分關注，但凡面對與自己有關的話題或事情，總會打起更多的精神，這是人的本能反應，誰都難以免俗。如果能夠找到這樣的話題，那無疑可以讓對方投入更多的熱情，表現出更積極的態度。

2.可以引發好奇心的話題

人人都有獵奇心理，都想知道一些自己並不瞭解的事情，對於這類話題，人們總會表現出更多的關注，也會更加願意就此進行深入的溝通。一旦可以進行良好的溝通，那麼對方自然會對你產生較好的印象。

3.可以滿足對方優越感的話題

每個人的內心深處，都渴望獲得讚美。抓住對方的這種心理，聊一些能夠滿足對方優越感的話題，往往能使溝通變得更順暢。

4.可以獲得有益知識的話題

「活到老，學到老」這句話反映出人們對知識的熱愛，以及願意學習的態度。對於未知的各種知識，人們總是充滿探索的欲望。談論這樣的話題，不僅能夠顯示自己的博學，還能勾起對方溝通的意願。

5.有關夢想和信仰的話題

每個人都有自己的夢想，也都希望實現，這種對理想的執著追求，會讓人對與夢想有關的話題多一分關注。信仰也是如此，作為人們的精神支柱，與之相關的話題同樣會引起對方的興趣。如果能夠準確談及夢想和信仰，相信可以讓對方對你產生好感。

一個良好的話題對於溝通來說十分重要，它是溝通能否繼續進行的先決條件。

二〇〇七年，著名作家畢淑敏*為北京市監獄的服刑人員進行了一次演講。

「心理是身體的奇跡，人獲得幸福與否取決於心理是否健康。曾有一家報社做過一個調查：誰是世界上最幸福的人。結果最幸福的人依次為：給孩子剛洗完澡，懷抱嬰兒微笑的母親；剛給病人做完手術，目送病人出院的醫生；在沙灘上築起沙堡，看著成果的孩子；寫完小說最後一個字，畫上句號的作家。看完這個消息，我有深入骨髓的悲哀。這些幸福，我幾乎都曾擁有，自己卻感覺不到，是『幸福盲』☆。因此，幸福關鍵在於我們發現幸福的目光，在於內在的把握、永恆的感情和靈魂的拯救。」

對於身陷囹圄的服刑人員來說，自由和幸福是最難能可貴的。他們對幸福的渴望，

---

* 中國知名作家、心理諮詢師。其作品多以生命與死亡為主題，短篇小說〈翻漿〉曾獲第十七屆時報文學獎。

☆ 正如色盲無法辨別顏色，此處借指自己無法辨別、發現幸福。

也是常人難以理解的。畢淑敏用演講告訴他們：追求幸福並沒有錯，但是千萬不能不擇手段，更不能挑戰法律的權威。其實，幸福就在生活的點滴之中，只要用心去發現和體會，就不難發現它的存在。在講話之前，畢淑敏選擇了一個十分恰當的主題，完全貼合聽眾的心態，所以能夠獲得極大的認同。

不誇張地說，只有根據對方的個人情況，選擇一個恰當的話題，才能從溝通開始時就抓住對方的注意力，為成功的溝通奠定堅實的基礎。如果選擇的話題並不受對方關注和歡迎，那麼溝通就很難繼續下去，你也不會受到絲毫的歡迎。

自我檢查

- ☑ 與人溝通時，我選擇的話題受不受對方歡迎？
- ☑ 有些話題總是聊幾句就結束了，我能不能迅速找到新的話題？

CHAPTER

8

一字值千金！有效表達的祕訣

第一印象的形成與表達方式有著莫大的關係。同樣一句話，面對同樣的人，不一樣的表達方式不僅會產生不一樣的效果，還會給人留下不一樣的印象。說話的音量、節奏、用詞等，都是表達的重要組成部分。關注這些因素，並努力表現優秀、積極的一面，將有助於樹立較好的第一印象。

讓人刮目相看的「雞尾酒會效應」

名字是一個人頗具代表性的符號之一，所以人們對自己的名字總是十分關注，尤其是在初次和陌生人見面的時候，能夠叫出對方的名字會讓他心生感動。

在如雞尾酒會一般的嘈雜環境中，存在很多不同的聲源：許多人同時說話的聲音、餐具碰撞發出的聲音、音樂的聲音及這些聲音經室內的物體反射產生的反射聲等。在這些聲源傳播的過程中，不同聲源所發出的聲波之間及直達聲和反射聲之間會在傳播介質中相疊加而形成十分複雜的混合聲波。也就是說，在到達聽者耳朵裡的混合聲波中已經沒有獨立存在的聲波了。可是，即便在如此複雜的情況下，聽者依然可以在一定程度上聽到那些他們所關注的聲音。

也就是說，即便在嘈雜的雞尾酒會上，人的聽力依然具有選擇能力。在這種情況下，人的注意力會集中在某一個人的談話上而忽略背景中其他的聲音。這就是人們常說的雞尾酒會效應。實際上，這種效應在聲學上指的是人耳的掩蔽效應。

之所以能在嘈雜的環境中順利交談，是因為交談的雙方將注意力放在了各自的關注重點上，對重點之外的聲音有所忽略。

當人的聽覺注意集中於某一事物時，大腦會主動將一些無關的聲音刺激排除在外，而對那些與自己有關的刺激則能迅速做出反應。從根本上來說，這是人的聽覺系統的一種適應能力。簡單說來，就是人的大腦會對聲音進行判斷和過濾，決定哪些要聽，哪些不要聽。

在諸多要聽的聲音中，人的名字是一個十分重要的刺激源。人們對自己的名字總會有種莫名的偏愛，只要聽到有人喊自己的名字，就會以最快的速度做出回應，並可能對喊自己名字的人產生好感。

每一個人的名字都蘊含著獨特的意義，都飽含長輩的殷殷期待，這種從出生開始便緊密相隨的關係，難免讓人對名字產生一定的感情。隨著時間的推移，名字已經不僅僅是一個代號，而是人們生命的一部分，是一種極具代表性的個人符號。

試想一下，如果一個陌生人在剛見面時就能喊出你的名字，你會不會覺得十分驚喜？你的心中是不是會泛起幸福的漣漪？一個能夠知道你名字的陌生人，至少是花費了一些精力、對你進行了一些瞭解，對於這樣的人，你是不是會產生與他進行深入交流的欲望？

事實上，即便是在第二次見面時才喊出我們名字的人，我們也會對他刮目相看。這是因為對於許多人來說，想要記住一個陌生人的名字是十分困難的事情，然而，恰恰因為這種困難，能夠做到的人必然令人印象深刻，甚至受人敬佩。

從某種程度上來說，一個人的名字不單單是一個代號，更是這個人最鮮明的名片。有句俗語是「人過留名，雁過留聲」。這從側面反映出每個人都渴望自己能夠在別人心中、甚至是歷史上留下屬於自己的印記，而名字恰恰是一個人的標記之一。雖然歷史已經證明，能夠名垂青史的人只是鳳毛麟角，但是人們心中的這種渴望並不會因此而磨滅。

在你喊出陌生人名字的那一刻，他的心中必定是無比欣喜的，因為他能從中感受到你對他的尊重和重視。對他而言，這一聲呼喊，就是世間千萬種語言中最美的那一種。有了這樣的美好感受，他的心中對你自然會生出好感，會更願意聽你說話，與你進行更深入的溝通。

在與他人交往的過程中，每個人都希望自己能夠給對方留下深刻的印象，而被人記住名字，就是印象深刻的一種體現。如果你能夠在第一時間叫出陌生人的名字，想必會讓對方對你另眼相看。這樣一來，你的個人形象將會得到極大提升，更加受到眾人的歡迎。

自我檢查

- ☑ 陌生人喊出我的名字時，我是覺得高興還是感覺不安？
- ☑ 和陌生人溝通的時候，我是不是通常記不住他的名字？

七種開場模式，反映深層個性

與人溝通的時候，開場白是必不可少的。不同的開場白代表著不同的心態，掌握其中的奧祕，將有助於我們瞬間吸引別人的注意力。

在進入談話的正題之前，我們總會習慣性地說一段開場白。這是為什麼呢？從心理學的角度進行分析，可以給出兩個答案：第一，講話者擔心對方不知道應該以怎樣的方式去聽自己講話，所以一再地進行鋪墊；第二，講話者擔心對方無法理解或是對自己的意圖有所誤解，所以進行許多自認為不可或缺的鋪墊。然而，並不是所有的開場白都能達到講話者所期待的效果。講好開場白，其實是一件十分考驗能力的事情。

蘇聯文學家高爾基說過：「最難的是開場白，就是你要說的第一句話，就跟音樂的定調一樣，整首曲子的音調，都由它來決定。」由此不難看出開場白對於一場談話的重要意義。

與陌生人溝通前，給對方留下的印象就像一張白紙。透過開場白，我們向對方傳遞出第一個口頭資訊。一個好的開場白，能夠迅速抓住對方的注意力，使得對方認真地聽下去；一個糟糕的開場白，則會讓對方心生反感，他的注意力也會很快轉移到別處。

開場白的形式多種多樣，但無論採取哪種形式，最終的目的都是一樣的，那就是吸引對方的注意力。一般來說，開場白的形式與講話者的性格息息相關，透過不同的開場白，可以傳遞不同的個人資訊。開場白的形式主要有以下幾種：

1. 肯定式

這類人通常對自己將要闡述的觀點充滿信心，對自己所說的話也非常看重；他們堅信「君子一言，駟馬難追」，雖然不會輕許諾言，但是一定會努力做到言出必行。

2. 否定式

這類人通常具有極強的自我保護意識，不願意被外界環境影響；他們一般具有很強的征服欲望，願意接受各種各樣的挑戰，敢作敢當的同時，又表現得過於執著。

3. 獵奇式

這類人通常具有強烈的支配欲望，對別人的隱私非常感興趣；他們與別人溝通的時候，話題通常不會涉及自己或是與自己有關的人，大部分話題都圍繞與自己毫無關係的人展開。

4.家常式

這類人通常想拉近彼此間的距離，提升親密度，所以選擇從讓人感覺親切的話題入手；他們心思縝密，總能全面而細緻地考慮問題；當發現別人的錯誤時，他們會及時地指出，但他們不會讓人生厭，因為他們總是站在對方的角度考慮問題。

5.冗長式

這類人通常非常體貼，很怕開門見山的開場白會令對方不知所措，所以要把自己準備講的重要內容一一羅列出來；他們擔心太簡單的開場白無法體現自己的學識和口才，以至於給對方留下不好的印象，所以會將開場白不斷延長。

6.傲慢式

這類人通常具有極強的應變能力，能夠根據不同的場合選擇不同的開場白；他們通常會感到自卑，以傲慢的姿態示人，恰恰是為了掩飾內心的自卑。

7.重複式

這類人通常對溝通策略頗為熟悉，善於推脫責任；他們不斷重複一些對溝通雙方都非常重要的內容，卻不會以強硬的姿態要求對方接受，目的就是讓對方明白，如果出了問題，和他們沒有任何關係。

有句話叫「好的開始是成功的一半」，說得非常有道理。與陌生人初次見面，彼此之間瞭解不深，在短時間內很難產生共鳴，如果無法在較短的時間內調動起對方的積極性，那麼溝通很可能將以失敗告終。

從某種程度上可以說，一個好的開場白就是一張設計精美的名片，能夠讓對方從一開始就對你產生深刻而美好的印象，為後續的溝通奠定堅實的基礎。

自我檢查

- ☑ 和陌生人溝通時，我能否只用幾句開場白就調動起對方的情緒？
- ☑ 對於開場白，我是不是並不在意，總是隨意說點什麼作為開場白？

選對口頭禪，打造高素質形象

通常來說，素質越高的人，用詞越高雅、準確，這與其接受的教育是密切相關的。越是高素質的人，越容易受到認可，所以用詞對第一印象有著非常直接的影響。

現代心理學的研究結果表明，透過一個人的用詞習慣，能判斷一個人的文化水準和處世態度，這對人際交往有一定的作用。假如你用詞高雅準確、說話乾脆俐落、不拖泥帶水，人們往往會認為你有較高的文化素養，做事幹練果敢；假如你用詞低俗不當、說話囉哩囉嗦、抓不住重點，人們往往會認為你素質較低，做事拖沓猶豫。

通常來說，每個人都會有一些自己慣用的詞語，這是在長期的生活中形成的一種習慣，它具有某些心理投射的功能，能在一定程度上反映出講話者的內心世界。每個人的習慣用語都與其性格、生活經歷、精神狀態等因素息息相關，而且會因這些因素的差異，呈現出與眾不同的表現方式。可以說，你的用詞就是你個人形象的縮影。在溝通過程中，不同類型的用詞將會給對方帶來不同的印象。

1. 以「我」作為開頭語

經常將「我」作為開頭語的人，往往會給人留下十分自信的印象。假如你習慣於以「我相信……」、「我認為……」、「我希望……」等開頭，別人會覺得你的意志堅定、信心十足。經常使用「我」這個字，有助於強化自己的形象，給對方留下更加深刻的印象。

2. 以「我們」作為開頭語

常常使用「我們」這兩個字的人，會給人一種親切感，讓對方更願意進行交流。相關研究表明，「我們」這個詞能夠讓人產生團結意識，迅速拉近彼此間的距離。如果你很喜歡以「我們」作為講話的主體，那麼對方在心理上就會跟你站在同一立場。也就是說，善用「我們」，將有助於製造彼此間的共同意識，對促進人際關係將會有極大的幫助。

3. 「請教」、「幫我」之類的用詞

使用這類用詞，能夠比較容易地贏得對方的好感。有些人看起來人緣極好，但是他們也不是天生就有某種神奇的魅力，只是因為他們善於利用請教的姿態來贏得別人的喜愛。比如，面對同事或年長的人，你可以說「前輩，請您多多指教」，聽到這樣的話，對方很難不提供幫助或不給出建議。而且，這種姿態會讓對方覺得你是一個勤學好問的人，自然會對你有好印象。

4.「嗯」、「啊」、「哦」、「呀」之類的用詞

這類用詞就是我們常說的語氣助詞，雖然表面看來沒有什麼實際意義，但是它們背後隱藏著不同的心理狀態。經常使用這類詞語的人可以分成兩類：一類人反應相對較慢，思維過程較長，說話的時候需要時不時地梳理思路，所以經常會停頓；另一類人心思縝密，為了盡量減少講話中的漏洞，出於謹慎的目的而進行適當的停頓。

5.「也許吧」、「有可能」、「大概是」之類的用詞

經常說這類詞語的人，往往很善於保護自己。在與人交往的過程中，通常不會在言語方面出現讓人抓住的漏洞，相對老成持重，能夠有效控制自己的情緒。這種人在人際關係方面比較成功，是交際場上的常青樹。

6.「不騙你」、「說真的」、「說實話」之類的用詞

講話中經常出現這類詞語的人，往往缺乏自信心，唯恐別人信不過自己，所以不斷強調事情是真實的。因為非常迫切地希望得到認可，這類人通常會顯得有些急躁，可是他們越是不斷強調事情的真實性，越容易引起人們的懷疑。

說話中的用詞是一個人習慣和性格的體現，只是有時候你沒有注意到而已。從某種意義上說，這些用詞是你表達中重要的甚至是固有的組成部分。別人透過這些用語，就能發現你的某些特質。如果你能對自己的用詞投入更多的關注，巧妙利用一些能夠提升自己形象的用詞，那麼就能很容易給對方留下較好的印象。

自我檢查

- ☑ 在日常生活中，我是一個懂得如何用詞的人嗎？
- ☑ 與人交談時，我會關注對方的用詞是否準確嗎？會根據他的用詞來判斷他是什麼樣的人嗎？

講話抑揚頓挫，聽眾都為你動容

任何一段講話都應該有一定的節奏變化，透過掌控節奏，可以讓講話變得抑揚頓挫，充滿節奏感。這樣的講話，才會讓人更加喜歡。

相信很多駕駛都有這樣的發現：即便在十分開闊的場地中，高速公路通常也不會筆直地修建，而是過一段距離就會出現一個彎道。這是為什麼呢？這樣不是要浪費更多的資金嗎？

這樣的困惑應該很多人都有，但是說起其中的原因，其實非常簡單：總是在筆直的高速公路上行駛時，駕駛往往會產生倦怠感，注意力容易分散，並逐漸感覺枯燥乏味，隨著時間的推移，駕駛會慢慢地放鬆警惕，疲勞感也會襲上心頭，這對於駕車安全是一種極大的隱患。彎道的出現，其實是一種精神方面的調節，讓駕駛打起精神，保持警覺。

在講話的過程中，同樣需要「彎道」，需要有節奏的變化，否則，說起話來就像一杯白開水，讓人覺得寡淡無味，提不起興趣。一旦如此，講話的效果就會大打折扣，講話者自然難以受人歡迎。

所以說，節奏是講話的重要組成部分，掌控得好，說話就會帶上節拍，成為一首動聽的歌。

那麼，節奏的變化對於講話究竟有多大的影響呢？我們不妨一起看看下面這個小故事。

一次，一位來自法國的悲劇大師到中國進行學習訪問。

為了歡迎他，主辦方舉辦了一個晚宴。晚宴上，在場的嘉賓邀請他現場進行表演。悲劇大師高興地應承下來，並開始用法語進行表演。他說話的節奏十分緩慢，而且滿臉都是悲傷的表情。現場的嘉賓中，有些懂得法語，有些不懂法語。懂得法語的人，表情十分詫異，深深被他的技巧折服；不懂法語的人，表情非常凝重，感覺他在講一個十分悲戚的故事。

大師表演完之後，許多人流下了傷心的淚水，他們很想知道大師講的到底是怎樣一個悲傷的故事。

隨後，悲劇大師的翻譯為大家揭開了謎底——悲劇大師不過是在念菜單罷了。這個結果令在場的嘉賓深感詫異，許多人根本無法相信自己的耳朵。

在這場即興表演中，悲劇大師不過是在念菜單，卻讓一些嘉賓潸然淚下。究其原因，是悲劇大師透過節奏的變化和悲傷的表情，營造出一種悲傷的氛圍。有些嘉賓不懂法語，便被大師的聲音深深感動了。

那麼，我們常見的講話節奏分為哪幾種呢？

1. 高亢

這種節奏通常可以展現威武雄壯的氣勢，帶來極大的鼓動性。在講述重大事件、宣布重要決定及描述令人激動的事情時，可以選擇這種說話節奏。

2. 低沉

這種節奏通常可以營造低沉而莊嚴的氛圍，語速比較緩慢，語氣相對壓抑。在一些莊重嚴肅的場合或是具有悲劇色彩的事件中，可以選擇這種說話節奏。

3. 凝重

這種節奏介於高亢和低沉之間，聲音和語速都比較適中，說話者把每個字都讀得很重，表現出一字千鈞的沉重感。在發表議論的時候，可以選擇這種說話節奏。

4. 歡快

這種節奏非常常見，很符合大眾的情感需求，聽眾相對容易接受。在日常交流及一般性的辯論中，可以選擇這種說話節奏。

5. 舒緩

這種節奏通常可以營造出恬靜、安閒的氛圍，比較舒展、緩慢。進行說明性的敘述及學術討論時，可以選擇這種說話節奏。

6. 緊張

這種節奏通常可以營造緊張的氛圍，語速比較快，能讓聽者保持一定的專注性。在彙報重要情況或是必須立刻澄清某些事時，可以選擇這種說話節奏。

在不同的場合中，講話節奏應該進行適當的調整，做到節奏與環境相匹配，才能最大限度地發揮節奏的力量。想要與人進行順暢的溝通並給人留下良好的印象，就必須做到根據講話的綜合情況進行考量和選擇。

講話的節奏是講話的節拍器，只有正確運用它，才能讓你的講話更加具有吸引力，從而達到講話的效果和目的。

自我檢查

- ☑ 說話的時候，我是不是喜歡平鋪直敘，沒有任何節奏變化？
- ☑ 與那些講話很有節奏的人聊天，我是不是覺得樂趣更多一些？

四大條件，鎖定最佳說話音量

說話的音量對表達效果有著直接的影響，音量過高會讓對方感覺聒噪，音量過低則會讓對方無法聽清你所說的內容。所以說，只有音量適中，才能讓對方聽起來更舒服。

在溝通過程中，音量的高低對交流的效果有著直接的影響。如果你的聲音過小，像蚊子嗡嗡一樣，對方不但無法聽清你要講的內容，而且會因此對你產生反感；如果你的聲音太大，像曳引機一樣聒噪，那你所說的話就會變成讓人難以忍受的噪音，對方會急切地渴望從你身邊逃開。顯然，音量過小或過大都會給對方帶來不好的體驗。想要在一見面時就給對方留下好印象，保持適中的音量是非常有必要的。

實際上，天生就有完美嗓音的人只是極少數，即便是著名的歌手和主持人，也要不斷進行訓練和練習，這樣才能讓自己的聲音聽起來具有磁性。而這也恰好可以說明，音量的高低並不是不可改變的，透過後天的訓練完全可以實現控制音量的目標。

音量的調整和控制與場合、環境、距離、交流對象等都有一定的關係，在學習控制的過程中，需要根據不同的情況，採取相應的手段。比如，你在安靜的會議室裡學習或工作時，想要聽音樂的話，通常會選擇舒緩而輕柔的類型；你在進行夜跑，突然傳來一陣巨大的噪音，如果想聽清耳機中的音樂，那麼你就只能把耳機的音量調大一些。同樣的道理，你想讓對方聽清楚你在說什麼，就要不斷調整自己的音量，以便將音量保持在相對穩定和適中的水準上。只有這樣，才能給對方帶去更舒適的聆聽體驗。

1. 根據場地調整音量

不同的場地，對音量會有不同的要求。一般來說，音量的高低和場地的面積、空曠程度等成正比。也就是說，場地面積越大，音量就越大；場地面積越小，音量就越小。

如果你在一個能夠容納數百人的大會議室裡講話，那麼你就應該適當提高音量，這樣才能讓別人聽清你在講什麼；如果你在一個小房間裡和幾個人進行交流，那你只要保持平時聊天時的音量就可以了。

2. 根據環境調整音量

與人溝通的時候，每次環境可能都不一樣，有時嘈雜，有時安靜，根據不同的環境去調整音量，才能更好地傳達資訊。

如果你身處公開場合，環境比較嘈雜，這時你就需要提高音量，以免自己的聲音被噪音蓋住；如果你身處比較封閉的空間，環境比較安靜，這時你就沒有必要使用過高的音量，以免變成噪音，引起對方反感。

3.根據距離調整音量

在交談的過程中，你和對方很難始終保持固定的距離，隨著距離的變化，音量也要做出適當的調整。

當距離拉遠時，音量要適當提高，讓對方聽清你的話；當距離變近時，音量要適當降低，以免讓對方覺得聒噪。

4.根據交流對象的情況調整音量

溝通是一個互動的過程，雙方需要進行良好的配合，才能達到溝通的目的。你要時刻觀察交流對象的情況，並及時調整音量，促使對方積極融入溝通之中。

當交流對象比較認真地聽你說話或是有積極的回饋時，你的音量可以適當放低；當交流對象出現走神的情況時，你的音量就要適當提高了。

總而言之，控制音量並非易事，也不是一朝一夕就能實現的目標。你需要在各種環境和場合中不斷練習和實踐。只有親身經歷之後，才能深刻體會到場地、環境、距離及交流對象給溝通帶來的影響。每次實踐之後，立刻進行分析和總結，慢慢就能發現將音量控制在什麼範圍內是最好的，是最受對方歡迎的。

自我檢查

- ☑ 根據別人的回饋，有沒有人覺得我有時候說話就像吵架一樣？
- ☑ 無論在什麼場地、什麼環境，我都習慣於按照固有的音量說話嗎？

讚美但不奉承，「適當原則」很重要

每個人都渴望得到真誠的讚美，一旦這種欲望被滿足，理所當然地就會對讚美自己的人產生好感。在互相欣賞的氛圍中，溝通自然變得簡單起來。

人們普遍希望得到承認，而讚美的聲音正好能夠滿足人們的這種需求，因此從某種意義上可以說讚美是這個世界上最好聽的聲音。無論是誰，面對讚美的時候都會失去一定的抵抗力。從某種意義上說，讚美是一種風險低、回報率高的投資。適時而真誠地讚美對方，對方會更加受用，從而拉近雙方的距離，令溝通變得簡單、順暢起來。

當然，讚美也有一定的原則，那就是適當，而不能過譽。一旦過分讚美，難免會有奉承的嫌疑，這會讓人感覺不適。關於這一點，查斯特菲爾德爵士*做出過相當精闢

* 本名Philip Stanhope，第四代查斯特菲爾德爵士（Lord Chesterfield），十八世紀英國外交官，以其作品《給孩子的信》（*Letters to His Son*）聞名。

的論述：「讚美的話並不一定都能起到良好的效果，也可能因為場合或是時機不對而產生不良的效果。與其那樣，倒不如什麼都不說。」事實便是如此，雖然讚美有助於推動溝通的進程，但是想要做到最好真可謂「難於上青天」。

想給予對方恰如其分的讚美，就要多多瞭解對方的相關資訊，搞清楚對方的喜好和特長，才能有的放矢地進行讚美，令溝通的氛圍變得更加融洽。盲目的讚美會讓人覺得虛偽和做作，只有源自內心、真情實意的讚美，才能觸動對方，達到預想的效果。

美國鋼鐵大王查理斯．施瓦布☆曾經說：「批評是最能扼殺人的自信的手段，所以，我從來不去批評別人，而是始終給予讚揚，我不喜歡對人吹毛求疵。凡是我喜歡的東西，我就真誠地給予讚揚，而且從不吝惜。」

在我們的身邊，有很多這樣的例子：某個人因一句讚美而備受鼓舞，於是不斷努力，突破極限，最終獲得令人難以置信的成績，成為人生的贏家。

上海東方衛視有一檔娛樂節目，名叫《笑傲江湖》。在第二季的節目中，有一位名叫逯愛岩的參賽選手深受評委和觀眾的喜愛。他用自己創作的「紙片人」給觀眾帶來了歡聲笑語，自己也因此而聲名大噪。

眾人正為逯愛岩的一鳴驚人而鼓掌叫好時，他的自述卻讓所有人大呼意外。原來他在數年之前就已經是一名小小的「網紅」，而且身為評委的宋丹丹還曾在微博上給他留言，表示讚賞。逯愛岩就是因為受到了宋丹丹的鼓勵，才決定走上藝術的道路，並在這條路上越走越遠。他運用自己的繪畫功底，巧妙地創作出了令人捧腹大笑的「紙片人」節目。

逯愛岩提及這一往事的時候，宋丹丹並沒有立刻反應過來，隨後在逯愛岩的提醒下，她才回想起來。可能是因為時間相隔太久，也可能是因為習慣性地對人表示讚揚，宋丹丹一時之間沒有想起自己讚揚過的逯愛岩，但是她那真誠的讚美已經給逯愛岩帶來了巨大的力量，推著他在逐夢的道路上不斷前行。

說一句讚美的話語其實並不困難，但是它給對方帶來的精神力量是超乎想像的。宋丹丹很簡單的一個讚美，不僅促使逯愛岩在藝術的道路上不斷前進，還令逯愛岩對她充滿了感激，產生了更加美好的印象。

☆ Charles M.Schwab，伯利恆鋼鐵公司創辦人，二十世紀初被譽為美國鋼鐵大王。

在溝通過程中，適當地加入一些讚美對方的話語，能夠吸引對方的注意力，從而獲得更好的溝通效果，達到溝通的目的。其中的原因很簡單：適當的讚美是一種發自內心的真情實感，對方聽到之後，能夠感受到你的真誠，對你產生一種親切感，由此會對你所說的內容更加關注，更願意聽你講下去。

真心實意的讚美並不需要華麗的辭藻來修飾，一句簡單精練的話，或是一個充滿讚賞的眼神，抑或是一個點頭的動作，都能表達讚美的意思。精於讚美之道的人，往往善於觀察和發現別人的優點，並透過樸實無華的語言，巧妙地表達讚美之意，使讚美顯得真實、自然，讓對方在愉悅地接受讚美的同時，對自己也產生較好的印象。

自我檢查

☑ 面對一個自己不喜歡的人，我能從他身上發現可以讚美的優點嗎？

☑ 讚美別人的時候，我能做到客觀、公正，不刻意地阿諛奉承嗎？

CHAPTER

9

脫穎而出的技術！職場上的教戰守則

在不同的場合中，展現個人形象的方式也不盡相同。根據不同的場合、不同的情況，以及不同的對象，有針對性地選擇展現方式，將有助於更好地打造良好的第一印象。要知道，每種場合都是與眾不同的存在，在展現自己的時候，必須綜合考量各種因素的影響，唯有如此，才能向對方呈現最好的自己。

「自己人效應」，讓人信賴感加倍

人的內心深處總對自己人有更多的信任，也更願意向自己人敞開心扉，因為自己人能夠帶來安全感，讓人產生更舒適的感覺。

所謂自己人效應，指的是如果想讓對方接受你，那你首先要和對方持相同的觀點，站在同一戰線上，並將對方和自己看作一個整體。只有成為自己人，你說的話對方才會更加信任，才會更加樂於接受。

如果你想讓別人同意你的觀點，那就要先讓他相信，你是他最忠實的朋友，也就是所謂的自己人。

在溝通過程中，溝通雙方會對彼此產生一定的影響。有些影響是在無意間形成的，有些影響則是某些人刻意為之。刻意如此，就是為了給對方施加某種影響，以求讓對方在某些方面做出改變。在諸多刻意施加的影響中，利用「自己人效應」是一種十分常見的方式。

王鑫是一家運動商品專賣店的銷售員，因為服務比較周到，且對運動有一定的瞭解，所以經常得到客戶的好評。

一天，一位年輕的小夥子走進店裡，王鑫熱情地迎了上去。

「您好，先生！有什麼能幫您的嗎？」

「我想買雙足球鞋，跟同事們踢踢球。」小夥子很坦率地說。

「踢球好啊，既鍛煉身體，又放鬆心情。我有時候也踢球，不過都是臨時湊幾個人，不像您這樣，能跟同事約好一起踢。」

「哦，你也喜歡踢球啊，那有時間可以約了踢一場。」小夥子非常開心地說。

「那可真是太好了。先謝謝您了！」王鑫說，「您看看我，把正事都給忘了。您是在什麼場地上踢球呢？」

「人造草皮的球場。」

「您平時穿多大的鞋呢？」

「二十七號半。」

「您對球鞋有什麼特殊要求嗎？」

「沒有。」

「這樣的話，您看看這雙怎麼樣？這雙是新款，雖然不是專業球鞋，但材質和工藝都達到專業水準，關鍵是性價比很高。我自己就穿這款鞋踢球，感覺包裹性和穩定性都不錯。」王鑫邊說邊將一雙球鞋遞到小夥子手上。

小夥子接過鞋，穿上試了一下，感覺確實不錯，於是決定就買這雙。

在這之後，小夥子又介紹了很多朋友和同事到王鑫這裡買東西，而且時常約王鑫一起踢球。在踢球的過程中，王鑫的交際面越來越廣，銷售額也越來越高。

王鑫對足球的喜愛使得小夥子對他產生了親切感，這種「自己人」的感覺，讓小夥子覺得王鑫和自己是同一戰線的人，所以他對王鑫產生了較好的印象，對王鑫的話更加信任。靠著一個又一個「自己人」的不斷介紹，王鑫認識的人越來越多，銷售業績也越來越好。

很顯然，如果想讓別人對你產生「自己人」的感覺，那麼首先要在思想觀念、做人原則等基礎問題上具有相似性。

要做「自己人」，以下幾個方面應該引起你的注意——

（1）應該著重強調雙方具有的相似性，以促使對方將你看成「自己人」。

（2）想要贏得對方的信任，就要在縮短雙方的心理距離方面多做努力。當雙方的地位比較接近時，溝通起來更為親切，你能產生的影響也會更大一些。

（3）良好的品行有助於增加個人魅力、提升個人影響力，在日常生活中需要加強對這方面的重視。

自我檢查

☑ 買東西的時候，我喜歡和那些跟我有相同愛好的人交流嗎？

☑ 對「自己人」，我是不是能夠做到傾囊相助？

展現吸睛亮點，面試無往不利

在面試過程中，給面試官留下的第一眼印象相當重要。如果給面試官留下較好的印象，面試將有很大的可能獲得成功；反之，面試很有可能會面臨失敗。

當今這個社會，競爭越來越激烈，生存壓力越來越大。為了得到一個理想的職位，很多人擠破頭地往前沖。

隨著教育水準的提高，高學歷、高能力、高情商的人越來越多，數百人甚至數千人爭奪一個職位的情況也越來越多。

巨大的競爭壓力，讓很多人焦慮不安。那麼，怎樣才能從眾人中脫穎而出，成功得到夢想中的職位呢?對於很多求職者來說，這是一個難解的謎題。其實，答案很簡單，那就是樹立良好的第一印象。

第一印象的產生，源於初次面試的情況。也就是說，在求職的過程中，面試是一個非常重要的展現自己的機會。能夠抓住這個機會，就有可能得到職位，否則，只能繼續等待下一個機會出現。

參加面試時，一定要嘗試用自己的方式引起面試官的關注，使其對你產生更多的興趣。如果你保持活躍的思維，展現出自己的優點，那麼你就會給面試官留下較好的印象，為自己贏得更多的工作機會。

查理剛剛從一所知名大學畢業，作為新聞系的高材生，他對報社有著深深的嚮往。經過一番調查之後，他瞭解到當地有一家十分出名的報社，並將這家報社當成了自己的目標。

一天，查理徑直來到這家報社，找到人力資源經理問：「您好！請問貴社現在編輯的職位有空缺嗎？」

「暫時沒有。」

「那記者職位呢？」

「暫時也沒有。」

「那校對呢？」

「這個也沒有。實際上，我們目前並沒有招聘新員工的計畫。」

「這麼說來，您一定需要這個。」查理邊說邊從包裡拿出一塊精緻的木牌，木牌上寫著「額滿，暫不雇用」。

人力資源經理看到查理拿出的木牌之後，會心地笑了起來。她讓查理到隔壁房間休息一下，然後馬上給董事長打了個電話，將整件事的來龍去脈說了一遍。

沒過多長時間，董事長來到了查理面前，並對他說：「如果你願意，可以到我們的廣告部上班，那裡現在需要一個人。」

照理說，查理的唐突拜訪會給人力資源經理留下不好的印象，但是事實並非這樣，查理用自己的幽默打動了人力資源經理，使她願意主動向董事長彙報，給查理一個留下的機會。可以說，正是因為查理給人力資源經理留下的好印象，幫助他獲得了這樣一個看似並不存在的工作機會。

一般來說，面試場合應該是嚴肅而認真的，但是這並不意味著你一定要表現出嚴謹、刻板的一面。畢竟，面試官選擇人才，主要是從適合公司需求、具有相當能力的角度來考慮的。你只有想辦法抓住面試官的眼球，才能得到更多展現自己的機會。從這個角度上說，你關注的重點不應該是如何迎合面試官的喜好，而是如何更好地表現自己的優點。當你的優點足夠吸引人，能給面試官留下深刻的印象時，你就能從眾多的應聘者中脫穎而出了。

自我檢查

☑ 參加面試的時候，我會準備很多預備方案，卻唯獨沒想怎麼給面試官留下深刻的第一印象嗎？

☑ 無論參加什麼面試，我總是使用同一套說辭嗎？

辦公室六大原則，塑造清新好形象

對於剛步入職場的人來說，如何與同事相處是一個不小的課題。通常而言，如果能給同事留下較好的印象，那將有助於你融入同事的圈子，迅速和同事打成一片。

隨著時代的進步，社會分工也越來越明確，每一位職場人士，都有自己的工作定位和職責。在工作過程中，與同事打交道是職場人士每天的必修課。

每天的工作中，我們至少要和身邊的同事相處八個小時，也就是一天中有三分之一的時間要和同事待在一起。可以說，同事已經成為我們生活中相當重要的組成部分。與他們相處得如何，直接關係到我們的心情，以及事業的發展。

與同事之間關係融洽，我們的心情會非常愉悅，更容易做出好成績；與同事之間關係糟糕，我們的心情會十分壓抑，不僅無法安心工作，還會對自己的身心健康產生影響。

尤其對新員工而言，不僅要抓緊時間適應工作環境、瞭解工作流程，還要抽出時間來學習如何與同事相處，需要接收和處理的資訊太多，難免會出現某種程度的混亂。

那麼，應該怎樣處理與同事之間的關係，以便給同事留下良好的印象呢？

1.對同事表示尊重

俗話說：「你敬我一尺，我敬你一丈。」在人與人交往的過程中，互相尊重是最基本的相處原則。關於尊重需求，馬斯洛的需求理論中有很明確的闡述，在這裡就不再贅述。需要注意的是，同事之間的聯繫是以工作為紐帶的，而不像親人、朋友那樣是以親情、友情為基礎的。一旦關係出現裂痕，很難彌合。所以在處理同事關係時，最重要的就是尊重對方。

2.不產生物質方面的糾紛

在與同事相處的過程中，難免會有互相借錢、借物或贈送禮品等物質方面的來往，這是十分正常的現象。但是有一點需要謹記，那就是所有的來往都要做到心裡有數，有借有還，有來有往。「有借有還，再借不難」及「禮尚往來」之類的說法，是人們在長期的生活實踐中總結出來的經驗，具有一定的借鑒意義。你向同事借錢時，主動打個借條，能讓彼此心安；同事向你借錢時，你也可以要求對方打個借條，這並不是不信任，而是為了避免糾紛，是為了更好地維護同事關係。

3.對有困難的同事表示關心

大家在一起共事，每天朝夕相處，能夠團結自然比較好。即便是不熟悉的同事遇到困難，你也不應袖手旁觀；盡己所能出手相助，對方會對你心生感激。這樣一來，你和同事之間的感情會越來越好，關係也會越來越融洽。

4.不議論同事的隱私

每個人都有自己的隱私，而且不希望被人知道，這是人之常情，我們應該予以尊重。無論在什麼情況下，我們都不該議論同事的隱私，尤其是在辦公室等辦公場合，議論同事隱私的行為更加不能被接受。這種行為不僅會損害同事的聲譽，還會令你與同事之間的關係變得緊張甚至惡化，可以說，議論同事隱私是一種不光彩的、百害而無一利的行為。

5.主動為自己的失誤道歉

「人非聖賢，孰能無過」。在工作中難免出現一些失誤，當你的失誤給同事帶來麻煩和困擾的時候，就有必要主動表達歉意，塑造知錯就改的良好形象。

6. 及時將誤會解釋清楚

對待同一件事情，每個人會從不同的角度去理解，這就可能在某些時候造成一些不必要的誤會，如果不及時解釋清楚，任由其發展的話，誤會就會變成打造良好同事關係的巨大阻礙。

初到公司的新人，面對陌生的環境和同事，難免會有心理上的波動，擔心自己無法和同事好好相處，害怕自己做不好工作，等等。雖然這是正常的反應，可是你想給同事留下良好的印象，就必須盡量減少不良心理帶來的影響。

自我檢查

☑ 在同事眼中，我是怎樣一個人？

☑ 同事遇到困難時，我會主動伸出援手並盡可能地提供幫助嗎？

找出主管優點，虛心學習更受賞識

主管能夠身居其位，必然有其過人之處，作為下屬，向主管請教是理所應當的。更何況，向主管請教不僅能夠收穫知識，還能得到主管的賞識。

身處職場之中，有一點必須要謹記：每一位主管都有值得學習的地方，積極向他請教，對你有百利而無一害。也許有些人覺得自己的主管並沒有什麼過人之處，無法從他身上學到什麼，於是一味我行我素，甚至不把主管放在眼裡。殊不知，主管既然能夠成為主管，必然有其過人之處。只有不斷向主管學習，才有可能坐上主管之位。

在我們身邊，總有一些同事能以不斷學習的姿態投入工作中，他們不僅能向主管虛心請教，還能向身邊的同事積極請教。這些同事不僅受同事歡迎，還受主管賞識。他們之所以能夠取得長足的進步，是因為他們能夠汲取別人的長處。

向主管請教，不僅能夠學習主管身上的特質，汲取對自己成長有益的養分，讓你盡量少走彎路，最大限度地激發自己的潛能，還能讓主管感受到你對他的敬重，從而更加認可和器重你。

田芳是一名畢業不久的大學生，剛剛進入職場。雖然是本科系出身的，但是田芳總覺得自己對工作的理解並不是很到位。於是，她總是積極向主管請教。遇到不懂的地方，她會向主管請教如何理解；遇到難以解決的問題，她會詢問主管解決的辦法；遇到實際情況和理論知識不符的情況，她會積極向主管討教應該以哪個為準……

主管見她如此努力好學，便真心實意地教導她。田芳也積極主動地學習，很快便掌握了工作的規律和一些常規的知識。主管見她如此努力，感覺十分欣賞，便在工作中給她很多照顧，使得田芳很快便取得了巨大的進步。

在主管眼裡，不懂就問是員工應該具備的一個基本素質。田芳的積極請教，為她加分不少，所以才能得到主管的幫助，在短時間內取得了令人矚目的成績。

作為職場新人，學習和成長是基本目標。積極向主管請教，是一個很好的學習途徑。如果你能常以積極謙遜的態度向主管請教，對方自然也會慷慨地給予你相應的支持和幫助。那麼，究竟應如何向主管請教呢？在請教的過程中又需要遵循什麼原則呢？

1.堅信主管是值得學習的

通常來說，主管都是行業內的精英，他們能夠出類拔萃，必然有讓人折服的地方。作為主管，需要考慮很多事情，對團隊的建設也要有全盤的考量。他們不僅要協調公司內部的關係，還要搞好外部的聯通工作。可以說，主管所要承受的壓力是一般員工難以想像的。所以說，無論是從能力、人脈還是從抗壓能力上說，主管都有過人之處，都有值得學習的優點。

2.關心公司績效

公司存在的意義就是創造更多的價值。作為主管，自然會對公司業績多一分關心。如果你也能主動關心公司的業績，主管自然會對你另眼相看，對你產生更多的好感。

3.認真傾聽

主管在說話的時候，你千萬不能隨意打斷，而要表現出認真傾聽的樣子。同時，應該跟著主管的思路走，並在適當的時候給出積極的回應，或是提出相應的問題。

4. 做好本職工作

想要從主管那裡得到自己關注的資訊，做好本職工作是最基本的要求。如果你對本職工作都推託、不滿，主管怎麼會回應你的請教或是給你晉升的機會呢？

5. 積極主動

通常來說，主管的工作都是十分繁忙的，所以他們並沒有足夠的時間和精力去關注每個下屬的動態。如果你在這個時候主動請教，就能展現你努力進取和積極學習的良好態度。在這種情況下，主管往往願意傳授給你一些經驗和知識。

主管的地位高於下屬，所以他們在心理上往往也處於優勢地位，他們總會希望下屬能夠尊重自己、跟隨自己。經常向主管請教，恰恰能夠滿足主管的這種心理。主管的心理需求得到了滿足，自然會對下屬的表現感覺滿意，對下屬的印象隨之也會好很多。

自我檢查

- ☑ 對於自己不熟悉的工作，我會主動向主管請教嗎？
- ☑ 向主管請教的時候，我會以什麼姿態出現在主管面前？

讓下屬更聽話的「南風法則」

一名優秀的管理者往往會在管理工作中加入一些「人情味」，這樣的暖心行為，會讓下屬備受感動，心甘情願地為公司發展做出貢獻。

有這樣一則寓言，說的是北風和南風打賭，看看誰能讓行人把身上的大衣脫掉。北風先登場，它使勁地吹，用力地刮，一時間寒風凜冽、冰冷刺骨，行人感覺寒冷，於是把大衣裹得更緊了；南風登場，它並不像北風一樣拚命地刮，而是溫風相送，暖意融融，行人感覺熱，於是主動把大衣脫了下來。最終，南風贏得了賭局。

南風法則就出自這則寓言，它蘊含的意思是，溫暖勝於嚴寒。運用到管理實踐中，南風法則對管理者的要求是尊重和關心下屬，在管理中多點「人情味」，並多幫助下屬解決日常生活中的實際困難，使下屬真正感受到管理者給予的溫暖。這樣一來，下屬就會因為感激而更加努力積極地為企業工作，維護企業的利益。

二十世紀三〇年代初，世界經濟陷入低谷，日本經濟也不例外。日本國內的大部分公司都選擇裁員，以減少薪酬壓力，苦苦支撐等待轉機。很多員工遭遇失業，生活沒有絲毫保障。松下公司也因經濟低潮而遭受了重大損失，銷售額銳減，商品積壓如山，資金周轉出現了嚴重問題。此時，有管理人員提出裁員，將業務規模縮小的建議。可是，因病在家休養的松下幸之助並沒有接受這樣的建議，而是毅然決然地採取了與其他公司截然相反的做法：不裁一名員工，實行半日生產制，但工資按全天支付。與此同時，他要求所有員工利用閒暇時間去推銷積壓的產品。

松下幸之助的這種做法得到了所有員工的一致擁護，大家想方設法地推銷產品。不到三個月時間，積壓的產品便銷售一空，使松下公司順利渡過了難關。

松下公司曾經遇到了幾次嚴重的危機，但是松下幸之助在困境中仍然堅守信念，始終將員工放在重要位置，並充分考慮員工的利益。這使公司的凝聚力得到了極大的提升，抵禦困境的能力也得到了增強。每次面對危機，松下公司的全體員工都奮力拼搏，攜手渡過一次次難關，而松下幸之助也贏得了員工們的一致頌揚。

面對困境，松下幸之助沒有拋棄自己的員工，而是站在員工的角度考慮問題，最大限度地保護員工的利益，這使得員工備受感動，願意為公司奉獻自己的所有力量。在所有員工的共同努力下，松下公司不僅渡過了一次次難關，還越發壯大起來。

在管理工作中，只有真正贏得員工的心，才能讓員工死心塌地地為公司的發展貢獻自己最大的力量。在管理工作中多點人情味，有助於培養員工對公司的認同感和忠誠度，也能令管理者給員工留下較好的印象。

很多事實早已證明，但凡能夠贏得下屬信任的主管，都有一套能讓下屬心甘情願接受的管理手段，其中有效的手段之一就是以情動人。這樣一來，即便下屬承受了很大的壓力，他們也會更有動力和目標。就算身體很疲憊，他們的心中也是快樂和幸福的。

自我檢查

- ☑ 在管理工作中，我能站在下屬的角度上考慮問題嗎？
- ☑ 作為管理者，我有足夠的魅力讓下屬跟我共渡難關嗎？

謹守「刺蝟法則」，彼此相處更安心

戀愛中的人，總希望戀人能和自己保持親密無間的關係。實際上，無論兩個人的關係多麼緊密，都要給對方留出足夠的空間，這樣才能讓彼此感到舒心和自在。

西方有一個寓言故事，說的是在滴水成冰的天氣裡，兩隻刺蝟想要互相依偎著取暖，可是在剛開始的時候，它們靠得太近，結果身上的利刺把對方刺得鮮血淋漓。經過一段時間的嘗試和調整之後，它們終於能夠保持適當的距離，這樣一來，它們不但能夠給對方帶去溫暖，而且避免了互相傷害。心理學上的「刺蝟法則」便來源於這個寓言故事。

刺蝟法則強調，在人際交往中應該保持一定的心理距離，只有給別人留出一定的空間，才能取得良好的溝通效果。尤其是在初次與心儀的對象見面時，更應該學會與對方保持恰當的距離，如果絲毫不給對方留出空間，那麼對方非但不會對你產生好感，反而會心生厭惡。這正應了過猶不及這個成語，只有把握好其中的度，才能給對方留下良好的印象。

個人空間是一個相對概念，它的具體範圍由交往雙方的親密度及身處的環境來決定。根據交往雙方的親密度，人類學家愛德華·霍爾博士將人際交往的區域或距離劃分成四種。

1.親密距離

在人際交往中，這種距離是最小的，有的時候甚至沒有距離，也就是我們常說的「親密無間」。在這種距離下，你可以清楚地觀察到對方的表情和眼神的細微變化，有時會有肌膚的接觸，乃至於可以感受到彼此的體溫、氣息等，體現出你和對方親密友好的關係。

2.個人距離

在人際交往中，這種距離是稍微有些分寸感的距離，一般沒有肢體方面的接觸。你和對方的距離保持在兩臂左右，只要保證雙方能夠親切地握手、友好地交談就可以了。與熟人溝通的時候，可以保持這樣的距離。但是和陌生人溝通的時候，最好適當增加一些距離，以免侵犯了他人的空間，引起對方心理上的不適。

3.社交距離

這種距離是一種社交性或禮節上的安全距離，反映出交往雙方的關係比較正式。一般來說，在工作或社交場合中，人們都會以這種距離進行交往。在面試或談判的場合，這種距離會適當增加一些，比較普遍的情況是你和對方之間會有一張桌子，這樣能讓現場的氛圍顯得更加莊重一些。

4.公眾距離

這種距離在公開演講時相對常見一些，也就是演講者和聽眾之間的距離。相對而言，這種交往空間比較開放，一個演講者通常要面對為數眾多的聽眾，所以很難做到一對一的交流及有效溝通。但是，由於演講者和聽眾之間並不一定會發生更多的聯繫，所以對雙方而言，這種距離其實是比較合適的。

從上面的劃分方法不難看出，交往距離的遠近其實體現著交往雙方的親密程度。在交往中給對方留出適當的空間，可以讓對方感受到你的熱情和尊重。即便是關係親密的戀人，也都需要各自的空間。每個人心裡都有自己的「祕密花園」，這是對隱私的一種正常需求。沒有征得對方的同意，你就不能隨意闖進「花園」，否則，一旦對方覺得受到侵犯，你在對方心目中建立起的良好形象就會崩塌，再想進行挽救將非常困難。

自我檢查

- ☑ 面對心儀的對象，我能控制自己，不過分接近嗎？
- ☑ 和戀人確定關係之後，我還會在意自己在他面前的形象嗎？

附錄 初次交談必備！八種對話撩心技

與陌生人相見和交談，你的心中肯定會有一定的期待，當然也會有些許的忐忑，這是一種十分正常的表現。一次成功的交談，重點並不在於具備雄辯的口才，而在於進行感情上的交流和思想上的碰撞。

對大多數人而言，做到透過一定的技巧清晰而準確地傳達自己的意圖或傳遞相關的資訊，是可以透過不斷練習實現的。如果你想在初次交談中就贏得對方的喜愛，以下這些技巧值得參考。

1.相信自己

你害怕與人交談，也許並不是因為對交談本身充滿恐懼，而是擔心自己無話可說、無言以對。在談話的過程中，你總是絞盡腦汁地思考自己接下來應該說些什麼，而對別人說的話一個字都沒注意。這樣難免會讓交談陷入僵局，難以繼續下去。實際上，如果你能對自己充滿信心，相信自己能夠對答如流，不去關注自己應該說什麼，而將注意力放在傾聽別人說什麼上，那麼很容易就能在別人的話語中找到談資。你該知道，其實不是只有你感覺緊張，和你交談的人同樣也很緊張。所以說，你根本沒有必要因不知道說什麼而害怕與陌生人接觸。

2.三思而後說

這是談話技巧中十分有效的一種，也是交談時應該遵循的重要原則。只有經過三思之後，你才能避免信口開河，才能找到準確的話題和恰當的表達方式，這樣，對方才會對交談產生興趣，而不至於因為聽了你一句沒頭沒腦的話而感覺興致全無。在很多情況下，因言語不當而冒犯他人所造成的錯誤，比緘默不語還要嚴重得多。三思而後說能夠最大限度地避免言語不當的情況，對你樹立良好形象是非常有利的。

3.給別人說話的機會

所謂交談，是兩個人之間的談話，要有溝通和互動。如果你滔滔不絕地說，卻不給對方說話的機會，那麼註定無法獲得良好的溝通效果。在對方說話的時候，你應該認真地聆聽，不能輕易打斷對方，以表示對對方的尊重。如果對方談論的話題讓你感覺棘手或難堪，你可以不表態，而是想方設法地盡快轉移話題。要知道，你不能滔滔不絕，對方也不能喋喋不休，互相尊重才能更好地交談。

4.變換話題避免冷場

在交談過程中，冷場是一個比較尷尬和難於處理的局面。這時，你可以試著提出一些問題不斷進行試探。當一個話題無法繼續下去的時候，就馬上切換到另一個話題。或者你可以順著當前的話題，談論一下最近看過的一本書、聽過的一首歌等。透過這種方式進行調節，冷場的情況就能得到適當的緩和。如果真的一時之間無法找到合適的話題繼續下去，那麼暫停一下談話也無大礙，沒話找話地瞎聊一通，反而會給對方留下不好的印象。

5.向對方求教

向對方求教，是一種行之有效的打開話題的方法。當你謙虛地向對方請教時，對方能夠感受到你的真誠和尊重，所以無論你請教的問題是體育方面的還是科學方面的，是涉及流行趨勢的還是與傳統文化有關的，對方都會竭盡所能地為你做出解答。這種交談技巧簡單易行，效果立竿見影。

6.適當讚美對方

毫無疑問，人們都喜歡被人讚美，也都喜歡說讚美話的人。可是，有些人偏偏吝嗇於讚美。這可能是因為有些人對讚美有偏見，也可能是因為有些人不喜歡當面表達對別人的讚美。實際上，讚美的話並不一定要很長、很多，有時候一句「你真漂亮／帥氣」就能讓人心花怒放。

7. 關注對方的反應

交談時，不要將注意力僅僅集中在交談內容上，而要時刻注意觀察對方的反應，只有這樣，你才能知道自己說的話是否恰當，能否引起對方的興趣。交談時不要過度使用「我」字，這會讓對方產生「你只關注自己」的感覺，對樹立良好形象是極為不利的。

8. 正確使用身體語言

身體語言是交談中非常重要的交流手段，透過它往往可以更直接地表達自己的感情，從而使交談獲得更好的效果。但是，在不同的地區，同樣的肢體語言可能代表著不同的意思。這就需要你在平時多看、多學、多積累，只有掌握了這些知識，才能避免因誤用身體語言而招致反感的情況。

對所有人來說，初次與陌生人交談都是一項困難的工作，畢竟對對方缺乏瞭解，不知道應該從何處入手推動交談的順利進行。於是，有些人便對初次交談充滿恐懼，甚至想方設法地避免與陌生人交談。然而，逃避解決不了問題，只要能夠勇敢地面對，再加上一些有效的技巧，其實與陌生人溝通並沒有想像中那麼困難。

國家圖書館出版品預行編目（CIP）資料

初次印象心理學 ： 不說錯話、 表錯情， 一見面就讓人感覺 「溫暖有能力」 / 周一南著. -- 初版. -- 臺北市 ： 方言文化， 2020.01
面 ； 公分

ISBN 978-957-9094-52-8（平裝）

1. 人際關係 2. 成功法

177.3 108020121

初次印象心理學

不說錯話、表錯情，一見面就讓人感覺「溫暖有能力」

作　　者　周一南

副總編輯　黃馨慧
責任編輯　邱昌昊
版 權 部　莊惠淳
業 務 部　葉兆軒、林子文
企 劃 部　高幼妃
管 理 部　蘇心怡、張淑菁

封面設計　張天薪
內頁設計　李偉涵

出版發行　方言文化出版事業有限公司
劃撥帳號　50041064
電話/傳真　（02）2370-2798／（02）2370-2766

定　　價　新台幣320元，港幣定價106元
初版一刷　2020年1月22日
I S B N　978-957-9094-52-8

方言文化